JN212176

学校教育相談

理論と実践のガイドブック

企画
一般社団法人 日本学校教育相談学会

編著
春日井敏之・梅川康治・栗原慎二・藤原忠雄

ほんの森出版

はじめに

　日本学校教育相談学会が企画した『学校教育相談学ハンドブック』(日本学校教育相談学会刊行図書編集委員会／編著、ほんの森出版、2006年) が発刊されてから、20年近く経過しました。そこでは、学校教育相談について「教師が、児童生徒最優先の姿勢に徹し、児童生徒の健全な成長・発達を目指し、的確に指導・支援すること」と定義しています。この間、2022年には『生徒指導提要』が改訂され、「教育相談は、生徒指導から独立した教育活動ではなく、生徒指導の一環として位置付けられるものであり、その中心的役割を担うものと言えます」と明記されました。ここでは「させる指導から支える指導へ」と、生徒指導における指導観の転換が提言されています。

　このように指導観の転換が提言されるなか、学校教育相談をどのようにとらえたらいいのか。そして、教育相談を軸にして、日々の生徒指導で子どもたちにどのような指導、支援、ケアをしていったらいいのか。このような疑問を抱える教職員や支援者も多いことと思います。さらに、学校教育相談は、いじめ、不登校、暴力などにかかわる生徒指導の場面だけではなく、学級活動、特別活動、教科活動、保護者との連携、同僚との連携、多職種連携、ケース会議などにおいても多様に展開され、実践や研究の蓄積が行われてきました。

　こうした状況を踏まえて、現段階における学校教育相談のとらえ方 (理論) や具体的な取り組み (実践) のあり方について、日本学校教育相談学会として学会内外に向けて発信をしていく必要があると考え、本書『学校教育相談—理論と実践のガイドブック』を企画しました。

　本書は、第1部：理論編、第2部：実践編、第3部：学会活動編で構成されています。学校教育相談にかかわるさまざまな分野、領域で実践や研究を蓄積されている会員の方々19名の総力を結集して、ここに発刊することができました。

＊

　発刊に先立って、2024年8月に愛知県で開催された第36回日本学校教育相談学会総会・研究大会では、「学校教育相談—今までとこれからを考える」をテー

マに、本書の編者4名による本部企画シンポジウムを開催しました。

シンポジウムの企画には、以下のような背景がありました。

この間「チームとしての学校」が提言され、学校現場では多職種連携と学校長のリーダーシップが強調されてきましたが、一方では多職種連携のもとに、教職員が困難を抱えた子どもをスクールカウンセラーやスクールソーシャルワーカー、医療機関などへバトンタッチしてしまうような傾向も生まれているのではないかという問い直しがありました。そのような状況のなかで、教職員の学校教育相談の資質能力は、逆に低下しているような面はないのか。また、教職員の「聴く」という姿勢、かかわり方は、子どもたちとかみ合って対話的、共感的に展開されているのか、双方の変容、成長につながっているのかという問い直しもありました。そして、子どもの権利条約が規定している「子どもの最善の利益」の実現を図っていくために、「子どもの意見表明権」を尊重していくことが求められ、教職員や支援者が担う学校教育相談への期待は高まっている状況が確認されました。

そこでシンポジウムでは、教職員や支援者に期待されている学校教育相談について、①多職種連携のあり方、②「聴く」というかかわり、③教育相談コーディネーターの役割、④学校教育相談学の到達点と課題などを切り口にしながら、報告と討論を深めました。そこでの成果が、本書にも反映されています。

＊

学校教育相談は、教育相談コーディネーターなどの担当者とすべての教職員や支援者を担い手として行われています。主たる対象は子どもですが、子どもを指導、支援、ケアするために保護者、教職員、支援者も対象となっていきます。

その活動内容としては、次の4点が挙げられています。

①個人やグループを対象としたカウンセリング

②学級や学年などを対象としたガイダンス

③援助者同士が課題解決のために相互支援として行うコンサルテーション

④学校内外の援助資源（リソース）の連携、調整を図るコーディネーション

そして、この活動は、教育相談コーディネーターや教職員、そしてスクールカウンセラー（心理職）、スクールソーシャルワーカー（福祉職）、医療機関、司法機関などの支援者が連携し、チームとして取り組むことでその効果を発揮していきます。

また、学校教育相談には、大きく分けて3つの機能が含まれています。1

つには**問題解決的教育相談**、2つには**予防的教育相談**、3つには**開発的教育相談**です。

　例えば、事例検討のためのチーム会議の取り組みや、いじめ、不登校、暴力などの課題への指導、支援、ケアは、主として個人や集団を対象とした問題解決的教育相談の機能といえます。予防的教育相談は、登校をしぶったり、元気をなくしていたり、攻撃性が高いなど、気になる子どもへの初期段階における個別の対応、グループアプローチ、学級指導など、大きな問題発生を事前に防ぐことを主たる機能としています。また、開発的教育相談は、すべての子どもを対象として、進路ガイダンス、キャリア教育、ソーシャルスキルトレーニング、構成的グループエンカウンター、ピア・サポートなど、広く人間関係の形成や人としてのあり方、生き方などにかかわるさまざまな心理教育的指導を主たる機能としています。これらは、改訂された『生徒指導提要』で強調されている「困難課題対応的生徒指導」「課題予防的生徒指導」「発達支持的生徒指導」とも重なっています。

＊

　学校での教育実践や研究の展開・発展にとって、学校教育相談を軸に据えた営みは、ますます大切になっています。その営みが、子どもや保護者との信頼関係の形成につながっていくからです。学校教育相談の担い手である教職員や支援者の皆さんの期待に応えたいという強い思いを込め、本書『学校教育相談―理論と実践のガイドブック』を、ここにお届けします。

　2024年11月

春日井敏之

学校教育相談 理論と実践のガイドブック ・目次・

第1部

理論編

『生徒指導提要』と学校教育相談

学校教育相談の視点を軸に

教育相談体制と多職種連携

[『生徒指導提要』と学校教育相談]

① 『生徒指導提要』と これからの学校教育相談

八並光俊

1. 『生徒指導提要』までの歴史的経緯

　学校教育相談（以下、教育相談）は、生徒指導の一環として行われます。2024年現在は、『生徒指導提要』（改訂版、以下、『提要』）に基づいて、生徒指導が実践されています。『提要』における教育相談を見る前に、生徒指導の国家的基準、すなわち、ナショナルスタンダードとしての『提要』の歴史的な流れを知っておく必要があります。

　資料1-1-1の略年表を見てください。『提要』以前の同様書の発行年とその間の使用年数と、生徒指導に関連する出来事と法規名（＊印、公布年）を掲載しています。

　『提要』の大元をたどると、生徒指導の手引き書という形で1965年に旧文部省より刊行された『生徒指導の手びき』（以下、『手びき』）があります。その16年後、1981年に、同省より『生徒指導の手引（改訂版）』（以下、『手引』）が刊行されました。後者の『手引』は、29年にわたり生徒指導のバイブルと呼ばれ、学校現場で活用されました。その後、2010年に、『生徒指導提要』（以下、『旧版』）が刊行されました。「提要」という言葉は、聞き慣れませんが、辞書的には「要点」の意味です。

　1965年からの『手びき』期には、非行問題や校内暴力が、生徒指導の喫緊の課題でした。1981年からの『手引』期には、暴力行為に加え、登校拒否・不登校やいじめ、児童虐待などが増加します。1995年からスクールカウンセラーが、2008年からスクールソーシャルワーカーが導入され、教育相談の専門分化と、児童相談所や警察などの関係機関とのチーム支援が強化されます。また、特別支援教育が2007年から開始され、通常学級に在籍する特別な配慮を要する子どもへの生徒指導が重要となりました。

　2010年からの『旧版』期には、これまでにない大きな変革の波が押し寄せます。法律面では、2013年に「いじめ防止対策推進法」が、2016年には「義務教育の段

資料1-1-1 『生徒指導提要』（改訂版）に至る略年表

1965年 『**生徒指導の手びき**』（文部省）

16
年

1981年 『**生徒指導の手引（改訂版）**』（文部省）

29
年

＊1994年 児童の権利に関する条約批准

1995年 スクールカウンセラー導入

＊2000年 児童虐待の防止等に関する法律

＊2004年 発達障害者支援法

＊2006年 教育基本法（改正）

2007年 特別支援教育の開始

2008年 スクールソーシャルワーカー導入

2010年 『**生徒指導提要**』（文部科学省）

12
年

＊2013年 いじめ防止対策推進法

2015年 チームとしての学校の在り方と今後の改善方策について
（答申）（文部科学省・中央教育審議会）

＊2016年 義務教育の段階における普通教育に相当する
教育の機会の確保等に関する法律

2017年 幼稚園・小学校・中学校・特別支援学校（幼稚部教育領・
小学部・中学部）「学習指導要領」告示（文部科学省）

2017年 児童生徒の教育相談の充実について（通知）（文部科学省）
【教育相談コーディネーターの配置・指名】

2018年 高等学校「学習指導要領」告示（文部科学省）

2019年 特別支援学校高等部「学習指導要領」告示（文部科学省）

2021年 「令和の日本型学校教育」の構築を目指して～全ての子供
たちの可能性を引き出す、個別最適な学びと、協働的な学
びの実現～（答申）（文部科学省・中央教育審議会）

＊2022年 こども基本法

2022年 『**生徒指導提要**』（**改訂版**）（文部科学省）

階における普通教育に相当する教育の機会の確保等に関する法律」が公布され、いじめ・不登校では法に準拠した支援が求められるようになりました。

　2015年に中央教育審議会から「チーム学校」が提言され、学校を核とした地域支援体制の確立の必要性が明確となります。2017～19年に改訂された「学習指導要領」には「児童・生徒の発達の支援」が新設され、学級・ホームルーム経営の充実、生徒指導の充実、キャリア教育の充実の3本柱が、小学校・中学校・高等学校と貫徹されました。2017年、文部科学省は、教育相談の充実に向けて、教育相談コーディネーターを中心とする教育相談体制の必要性を通知しています。

その後、2021年に中央教育審議会より「令和の日本型学校教育」が提言され（文部科学省、2021）、個別最適な学びと協働的学びによる誰一人取り残すことのない教育の重要性が指摘されました。2022年には、「こども施策」を総合的に推進することを目的とする「こども基本法」が成立しました。

　この間、いじめ・不登校・児童虐待・自殺などは、増加の一途をたどっています。また、体罰・校則・薬物乱用・性犯罪被害・性的マイノリティ・家庭の貧困などが社会問題化し、生徒指導の見直しが必要となりました。私も「生徒指導提要の改訂に関する協力者会議」の座長としてかかわったのですが、『旧版』は12年ぶりに全面改訂され、2022年12月に『提要』が刊行されました。『提要』は、「学習指導要領」とセットとなる生徒指導のナショナルスタンダードであり、量と質の点からも新版と言ってよいものです。

2. 『生徒指導提要』の3つの特色

　『提要』の最大の特色は、第1に生徒指導の定義と目的の明示、第2に生徒指導の2軸3類4層から成る重層的支援構造化、第3にアセスメントに基づくチーム支援にあると言えます。以下、順を追って見てみましょう。

(1) 生徒指導の定義と目的

　『提要』では、これまで曖昧だった生徒指導の定義と目的が、初めて明記されました。具体的には、次のとおりです。

> 【生徒指導の定義】　生徒指導とは、児童生徒が、社会の中で自分らしく生きることができる存在へと、自発的・主体的に成長や発達する過程を支える教育活動のことである。なお、生徒指導上の課題に対応するために、必要に応じて指導や援助を行う。(12頁)
> 【生徒指導の目的】　生徒指導は、児童生徒一人一人の個性の発見とよさや可能性の伸長と社会的資質・能力の発達を支えると同時に、自己の幸福追求と社会に受け入れられる自己実現を支えることを目的とする。(13頁)

　このように、生徒指導の主体は子どもであり、教職員はかれらの成長・発達を支える専門的サポーターの役割であることが、明記されました。これまでの「させる」生徒指導から「支える」生徒指導への転換が見られます。生徒指導は、子どもの最善の利益を考慮して、子ども一人一人の幸福追求（well-being）と社会的自己実現を支えるために行われる個別発達支援だと言えます。

　また、教育相談は、一人一人の子どもの発達や諸課題の「多様性・複雑性に対

応する生徒指導の中心的な教育活動」(17頁) です。学校では校務分掌上、生徒指導対教育相談と二項対立的にとらえられがちですが、『提要』では二項共存ととらえ、「事案が発生してからのみではなく、未然防止、早期発見、早期支援・対応、さらには、事案が発生した時点から事案の改善・回復、再発防止まで一貫した支援」(17頁) を生徒指導と一体となって行います。

(2) 2軸3類4層から成る重層的支援構造

『提要』では、生徒指導や教育相談を計画的・組織的に展開するために、2軸3類4層から成る重層的支援構造を提示しています (資料1-1-2)。

2軸とは、時間軸からの分類です。①常態的・先行的 (プロアクティブ) 生徒指導と、②即応的・継続的 (リアクティブ) 生徒指導に大別されます。わかりやすく言うと、前者は、日常の授業や体験活動を通した育てる生徒指導です。後者は、諸課題に直面した場合の事後対応的な生徒指導またはかかわり続ける生徒指導です。

資料1-1-2　生徒指導の重層的支援構造

『生徒指導提要』(改訂版) 19頁

3類とは、課題性の高低からの分類です。①発達支持的生徒指導、②課題予防的生徒指導、③困難課題対応的生徒指導の順で、生徒指導の課題性は高くなります。

4層とは、子どもの対象範囲からの分類です。①すべての子どもを対象とした「発達支持的生徒指導 (第1層)」、②「課題予防的生徒指導〔課題未然防止教育〕(第2層)」、③諸課題の初期状態にある一部の子どもを対象とした「課題予防的生徒指導〔課題早期発見対応〕(第3層)」、④諸課題を抱えている特定の子どもを対象とした「困難課題対応的生徒指導 (第4層)」です。

生徒指導と教育相談は一体となって実践されるため、教育相談の構造も重層的支援構造に準じます (『提要』「3.3.2　教育相談活動の全校的展開」を参照)。したがって、図中の生徒指導を教育相談と置き換えて考えてよいです。

(3) アセスメントに基づくチーム支援

重層的支援構造の基底には、子ども一人一人に関する子ども理解、すなわちア

資料1-1-3　チーム学校における組織イメージ

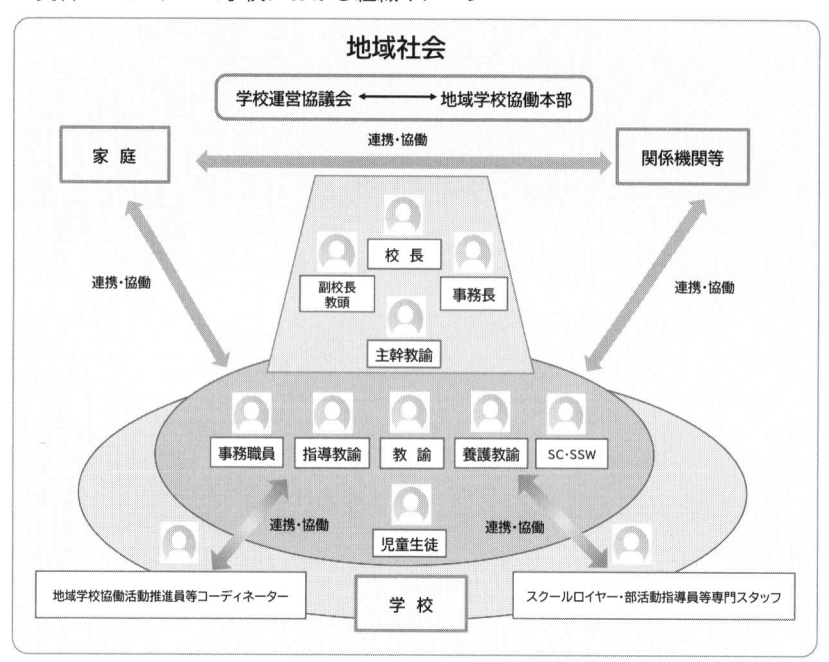

『生徒指導提要』（改訂版）69頁

セスメントがあります。『提要』では、個と集団のアセスメント方法として、生物-心理-社会モデル（ＢＰＳモデル）が示されています（91頁）。このアセスメント情報に基づいて、校長のリーダーシップのもと、学校内の機動的連携型支援チーム・校内連携型支援チームや、関係機関等との連携・協働によるネットワーク型支援チームによる支援を計画的・組織的に展開します（『提要』「1.3.4 チーム支援による組織的対応」を参照）。教育相談において、このアセスメントが最も重要となります。

　チーム支援を展開するチーム学校の組織イメージは、学校を中核にした、家庭と多職種・多機関等との地域連携・協働システムです（資料1-1-3）。その点で、生徒指導主事や教育相談コーディネーターには、コーディネーション力が求められます。

3．これからの教育相談に求められるもの

　『提要』に基づく教育相談として、今後何が求められるでしょうか。資料1-1-4は、教育相談を取り巻く状況と今後の教育相談体制を示しています。

　子どもは、学力・心身の発達・健康・性の意識・家庭環境などの点で、非常に多様化しています。通常の学級に在籍する特別な教育的支援を必要とする子どもの割合も高まり（文部科学省、2022a）、生徒指導・教育相談と特別支援教育の一体化が不可欠です。他方、前述のように中央教育審議会の「令和の日本型学校教育」

資料1-1-4　今後の教育相談体制

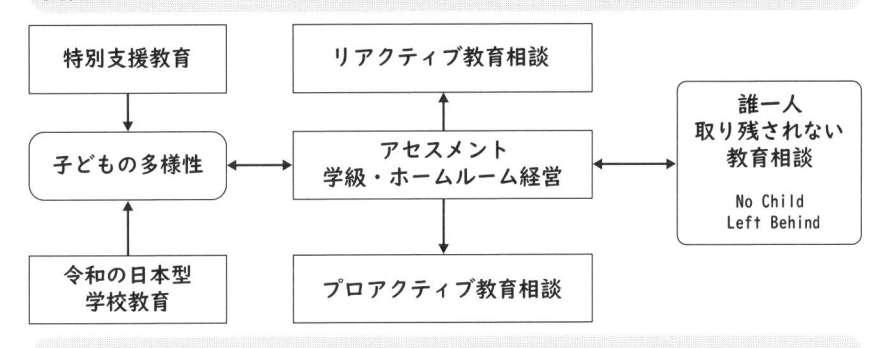

学習面または行動面で著しい困難を示すとされた児童生徒：小中学校8.8%　高等学校2.2%

- 特別支援教育
- リアクティブ教育相談
- 子どもの多様性
- アセスメント　学級・ホームルーム経営
- 誰一人取り残されない教育相談　No Child Left Behind
- 令和の日本型学校教育
- プロアクティブ教育相談

すべての子どもたちの可能性を引き出す、個別最適な学びと、協働的な学びの実現

（文部科学省、2021）からは、個別最適な学びと協働的学びの実現が、希求されています。この両者を考慮しつつ、誰一人取り残されない教育相談を達成するには、以下の3点が重要だと思います。

第1に、アセスメントと学級・ホームルーム経営を基盤としたリアクティブな教育相談とプロアクティブな教育相談の円環的な実践が必要です。そのためには、教育相談コーディネーターには、アセスメントの力、コンサルテーションの力、コーディネーションの力が求められるでしょう。

第2に、プロアクティブ教育相談の推進です。この点は、第4期の「教育振興基本計画」（閣議決定、2023）において、「発達支持的生徒指導の推進」が明記されています。今後、学級・ホームルーム経営や授業の基盤となる社会的資質・能力の獲得が、子どものキャリア実現にとって重要となります。教育相談コーディネーターは、生徒指導主事と一体となって、『提要』で示されているソーシャルエモーショナルラーニング（ＳＥＬ：社会性と情動の学習）などのガイダンス・プログラムを作成・実施するプロモーターとしての役割を果たすことが大切となります。

第3に、教育相談コーディネーターの人選にあたっては、生徒指導主事（主任）経験者や特別支援教育コーディネーター経験者を当てるのが望ましいです。それによって、教育相談と生徒指導の一体的展開が期待されます。

最後に、時代とともに変わりゆく子どもの多様性に教育相談がどのように応えていくのか、『提要』を手がかりに考えていくことが大切だと思います。

〈参考文献〉
閣議決定（2023）「教育振興基本計画」
文部科学省（2021）「『令和の日本型学校教育』の構築を目指して～全ての子供たちの可能性を引き出す、個別最適な学びと、協働的な学びの実現～（答申）」中央教育審議会
文部科学省（2022a）「通常の学級に在籍する特別な教育的支援を必要とする児童生徒に関する調査結果について」
文部科学省（2022b）『生徒指導提要』

[『生徒指導提要』と学校教育相談]

② 学校教育相談と 教育相談コーディネーター

栗原慎二

1.『生徒指導提要』（改訂版）の方向性と教育相談

　2021年7月7日に「第1回 生徒指導提要の改訂に関する協力者会議」が開催され、私も委員となり、『生徒指導提要』の改訂が始まりました。この第1回では、今後の生徒指導の概念や取り組みの方向性等を再整理することが確認されました。その基本的な考えは次のようなことでした。

①目前の問題に対応するといった課題解決的な指導だけではなく、「成長を促す指導」等の「積極的な生徒指導」を充実

②児童生徒の発達の支援

③生徒理解を深め、学習指導と関連づけながら生徒指導の充実を図る

④チームとしての学校

⑤多様な背景をもつ児童生徒への生徒指導

⑥生徒指導上の課題に関するデータの活用

　こうした基本的方針を皆さんはどのようにお感じになりますか。私は、教育相談にかかわる者たちがこれまで追い求めてきた「教育相談ベースの生徒指導」に国が舵を切ったと感じました。

2. 教育相談と生徒指導

　『生徒指導提要』では、以前の版でも教育相談の重要性は述べられていましたが、今回の『生徒指導提要』（改訂版）では、教育相談は「**生徒指導の一環として位置付けられるものであり、その中心的役割を担うもの**」としています（文部科学省、2022：16頁　以下、文献の頁数表記では「提要」と略記）。さらに教育相談の特質と、生徒指導との関係について、以下の2つの点が指摘されています。

　1つ目は、「**個別性・多様性・複雑性に対応する教育相談**」です（提要：16頁）。児童生徒の発達上の多様性や家庭環境の複雑性の増大、いじめ、長期の不登校児

童生徒、障害のある児童生徒、特別な配慮や支援を要する児童生徒、児童虐待や家庭の貧困、家族内の葛藤、保護者に精神疾患などがある児童生徒、性同一性障害や性的指向・性自認に係る児童生徒などへの対応の必要性が述べられています。実際、こうした児童生徒への対応はすでに必須となっていますし、教育相談の視点や技法抜きには、対応の実現は不可能です。これからの学校教育相談には、その具体の形を開発していくことが求められると考えています。

2つ目が「生徒指導と教育相談が一体となったチーム支援」です。『生徒指導提要』には「教育相談は、どちらかといえば事後の個別対応に重点が置かれていましたが、不登校、いじめや暴力行為等の問題行動、子供の貧困、児童虐待等については、生徒指導と教育相談が一体となって、『事案が発生してからのみではなく、未然防止、早期発見、早期支援・対応、さらには、事案が発生した時点から事案の改善・回復、再発防止まで一貫した支援』に重点をおいたチーム支援体制をつくること」が求められているとあります（提要：17頁）。このチーム支援において教育相談は非常に大きな役割を負うことになります。

ケースに対してチームを組んで対応するということは、多くの学校で実践が進んでいます。『生徒指導提要』では、3つのタイプの支援チーム（機動的連携型支援チーム、校内連携型支援チーム、ネットワーク型支援チーム）として整理されています（提要：91-92頁）。教育相談コーディネーターには、状況に応じて適切な支援チームを編成し運用し、その中心になることが求められています。

ただ、重要なのは、ここで意味しているチームが、「事案が発生してから」の困難課題対応的生徒指導や課題早期発見対応、つまり事後対応型のリアクティブ（即応的・継続的）な対応におけるチームのみではなく、課題未然防止においてもチームが機能することが求められているということです。つまり、プロアクティブ（常態的・先行的）な指導において、教育相談が一定の役割を果たすことが求められていることを意味しています。別の個所には、「全ての児童生徒を対象とする発達支持的生徒指導及び課題未然防止教育においても、生徒指導と教育相談の連携を核に多職種との協働に基づく取組をチームとして展開することの重要性は言うまでもありません」という記述があります（提要：93頁）。

ハイリスクな児童生徒はどの学校にも必ず在籍しています。そうした児童生徒に対して、教育相談コーディネーターが、生徒指導主事や学年、学級担任等に積極的に働きかけ、プロアクティブな生徒指導におけるチーム支援を行っていくことが求められていると言ってよいでしょう。

3．これまでの教育相談コーディネーターの役割

教育相談コーディネーターについては、2017年の「児童生徒の教育相談の充実

について～学校の教育力を高める組織的な教育相談体制づくり～（報告）」に記載があります。そこでは、「不登校、いじめ等の未然防止、早期発見のための活動や事案が発生した際は、学校が組織として対応する必要がある。そのため、学校全体の児童生徒の状況及び支援の状況を一元的に把握し、学校内及び関係機関等との連絡調整、ケース会議の開催等児童生徒の抱える問題の解決に向けて調整役として活動する教職員を教育相談コーディネーターとして配置・指名し、教育相談コーディネーターを中心とした教育相談体制を構築する必要がある」とされていました（文部科学省、2017）。

　その具体的な役割としては、①スクールカウンセラー（ＳＣ）、スクールソーシャルワーカー（ＳＳＷ）の周知と相談受付、②気になる事例把握のための会議（スクリーニング会議）の開催、③ＳＣ、ＳＳＷとの連絡調整、④相談活動に関するスケジュール等の計画・立案、⑤児童生徒や保護者、教職員のニーズの把握、⑥個別記録等の情報管理、⑦ケース会議の実施、⑧校内研修の実施、となっています。

　この教育相談コーディネーターの配置・指名については、学校の実情に応じ柔軟な対応が考えられるという断わりはあるものの、担当教員を追加で配置することが基本として書かれています。またその職務の重要性から、職務を遂行する上での一定の役割を与えることや、学校の実情に応じ授業の持ち時間の考慮、学級担任以外の教職員とするなどの配慮も必要であるとされています。こうした記述から、文部科学省が教育相談コーディネーターを生徒指導上非常に重要な役割を担う存在と認識していることが理解できます。ただ、文部科学省の当初の教育相談コーディネーターに対するこの時点での期待は、困難課題対応や課題早期発見対応が中心であることが理解できます。

４．これからの教育相談コーディネーターの役割

　では、これからの教育相談コーディネーターに求められる役割は何でしょうか。『生徒指導提要』には「全ての児童生徒を対象に、いじめ防止や暴力防止のためのプログラムを、ＳＣの協力を得ながら生徒指導主事と教育相談コーディネーターが協働して企画し、担任や教科担任等を中心に実践する」という表現があります（提要：82頁）。つまり、教育相談コーディネーターは発達支持的生徒指導や課題未然防止教育というプロアクティブな指導にも力を発揮することが求められているということです。それは、従来の教育相談コーディネーターの役割でもあった困難課題対応的生徒指導と課題早期発見対応というリアクティブな指導での役割がなくなるのではなく、役割の範囲が拡大したと考えるべきです。

　このプロアクティブな指導は、学級を中心とした集団に対する指導が重要にな

ります。『生徒指導提要』には、「指導や援助の在り方を教職員の価値観や信念から考えるのではなく、児童生徒理解（アセスメント）に基づいて考えること」とあります（提要：80頁）。つまり、教育相談コーディネーターには、個人のアセスメントだけではなく、集団のアセスメントも求められることになります。

5. 多様な背景を抱える児童生徒への生徒指導

　また、プロアクティブな指導は、集団への指導だけではありません。上述したように、『生徒指導提要』では第12章や第13章などで、性的マイノリティ、発達障害、精神疾患、ヤングケアラー、外国人児童生徒、経済的困難、被虐待、特定妊婦などの課題を扱っています。こうした課題は、『提要』の指摘のとおり、1つ1つが直接に学習指導や生徒指導上の課題となったり、さまざまな問題の背景ともなり得ます。

　つまり、こうした課題を抱えている児童生徒がさまざまな問題に陥ることがないように、発達支持的生徒指導や課題未然防止教育を行っていくことが求められるわけです。そして、教育相談コーディネーターには、発達支持的生徒指導や課題未然防止教育についても、学校全体がアセスメントと共通理解に基づいてチームとして取り組んでいけるように、支援チームをコーディネートすることが求められています。

　なお、近年、課題解決のプロセスに児童生徒本人や家族を包含する取り組みが散見されるようになってきています。不登校やいじめをはじめとするさまざまな問題について、当事者以外が集まって対策を考えるというのは、たしかに疑問の余地があるところです。私も不登校の生徒に会議に参加してもらい、意見を求めて対策を検討したことがありますが、当事者が入ることによるメリットは想像以上に大きいものがあります。参加の程度やあり方はケースバイケースと思いますが、今後、考えていくべき支援の方向性だろうと考えます。

6. チーム支援のベースとしてのアセスメント

　教育相談コーディネーターは、コーディネーターという言葉のとおり、支援チームを組織してチーム支援を行っていきます。

　チーム支援のプロセスは、『生徒指導提要』では「①チーム支援の判断とアセスメントの実施、②課題の明確化と目標の共有、③チーム支援計画の作成、④支援チームによる実践、⑤点検・評価に基づくチーム支援の終結・継続」ととらえています（提要：28頁）。こうしたプロセスを組織的・計画的に実践することが重要なのです。

また、ここで強調されているのがアセスメントで、「アセスメントに基づいて、『チーム支援計画』が作成されるので、アセスメントは、チーム支援の成否の鍵を握っているといっても過言ではありません」と記述されています（提要：90頁）。

　では、アセスメントは何から構成されているかというと、情報とその分析です。まず情報ですが、①観察から得られる情報、②インタビュー・対話から得られる情報、③各種のアンケートや作品等から得られる情報の3種類が基本になると言えます。ただし、例えばいじめについてでは、「アンケート調査など」での発見が52.8%だったのに対して、「学級担任が発見」はわずか10.6%でした（文部科学省「平成30年度 児童生徒の問題行動・不登校等生徒指導上の諸課題に関する調査結果について」）。こうした数値からは、もちろん教師の観察や対話などは貴重ではあるものの、ＣＯＣＯＬＯプランなどで推奨されている「学校風土の把握ツール」等を用いて、児童生徒の情報を多面的に収集することが重要と考えられます。

　実際には、児童生徒の情報だけではなく、家庭環境や学級環境、対人関係にかかわる情報を集めることも重要です。また、その際、問題点を探るという視点だけではなく、児童生徒の強みや興味関心、支援につながる情報を集めることはとりわけ重要です。

　次に分析ですが、知識や理論に基づいた分析が必要です。この際、臨床心理学的視点だけではなく、社会心理学的視点や、医学的・福祉的視点などから、多角的に分析することが重要です。経験とそれに裏打ちされた勘は重要ですが、それはあくまでも補足的な話です。

７．これからの教育相談の進め方

　最後になりますが、教育相談コーディネーターに求められる最大の役割は、教育相談の定着を促進することです。2024年度現在、過去10年、不登校もいじめも暴力行為も自死も、とてつもない勢いで増加しています。こうした状況は、学校教育のあり方自体の抜本的見直しが求められていることを示唆していると思います。こうした状況下にある学校が立ち直っていくためには、教育相談が今後ますます重要になるのは間違いありません。その教育相談を司るのが教育相談コーディネーターです。

　本来、それだけ重要な教育相談の業務遂行に必要な人材育成は、行政主導で計画的・組織的に行っていくべきものです。日本以外の海外ではそのようになっていますが、残念ながら日本の行政は、この領域では完全に立ち遅れています。しかし、行政が動き出すのを待っているわけにもいきません。以下に、そのために有益と思われる考え方や取り組みの例を挙げておきます。参考にしてください。

①変革は、まずは2割の仲間づくりから。イノベーター理論を参考にすれば、2〜3割の本気の先生たちを育てることができれば達成できると考えられる。

②先行実践の模倣からスタート。そのためには、実践をしてきた先生方と直接つながり、話を聞くのが非常に有益。

③研修は、まずは2割の人たちの参加から。全教職員研修を組めればベストだが、時間的に難しいこともある。数人でも、短時間でも、やれる人たちで小さな研修をする、学年研修をするなど、多様な研修を積み重ねる。

④研修しないで実力がつくことはない。積み重ねた研修は嘘をつかない。また、研修の準備は、大変だが最高の研修になる。

⑤研修の目的は、研修をすることではなく、実践できるようになることなので、1つのことを、ある程度できるようになるまで積み上げる。

⑥教育相談コーディネーター自身の力量形成が重要。そのためには、「研修→実践→スーパーバイズ」というサイクルが重要で、スーパーバイズなしでは力量は頭打ちになる。

⑦同志とつながる。人は1人で困難課題に立ち向かい続けられるほど強靭ではない。動機づけの基盤は人間関係にある。教育相談のネットワークに参加することで励まし励まされることが必要。

⑧教育相談の位置づけを明確化することに取り組む。そのためにも実績を積み重ね、その成果を学校内外に発信する。変に遠慮する必要はない。正しいことはきちんと発信する。

　教育相談コーディネーターによる、モデルとなるような優れた実践の積み重ねとその発信が、悩める教師の救いとなり、次に続く教育相談コーディネーターの育成につながるのだと思います。

　なお、参考文献で紹介している書籍は、先生方の実践に新しい視点やアイデアを提供してくれると思います。ぜひご一読ください。

〈参考文献〉

栗原慎二・井上弥編著（2023）『ダウンロード版 アセス（学級全体と児童生徒個人のアセスメントソフト）の使い方・活かし方―自分のパソコンで結果がすぐわかる』ほんの森出版

栗原慎二編著（2017）『マルチレベルアプローチ だれもが行きたくなる学校づくり―日本版包括的生徒指導の理論と実践』ほんの森出版

栗原慎二（2020）『教育相談コーディネーター――これからの教育を創造するキーパーソン』ほんの森出版

文部科学省（2017）「児童生徒の教育相談の充実について〜学校の教育力を高める組織的な教育相談体制づくり〜（報告）」教育相談等に関する調査研究協力者会議

文部科学省（2022）『生徒指導提要』

[『生徒指導提要』と学校教育相談]

③ リスクマネジメントと 学校教育相談

新井　肇

1. 学校危機に対するリスクマネジメントとクライシスマネジメント

　『生徒指導提要』（改訂版）では、「学校が安全で安心な環境であることは、児童生徒の学力向上や社会性の発達、健やかな成長や体力の増進につながる前提条件」であると指摘されています（文部科学省、2022：96頁　以下、文献の頁数表記では「提要」と略記）。しかし、学校では、いじめや暴力行為、盗難、放火や殺傷事件、自傷行為や自殺、授業中や課外活動中の怪我、食中毒、感染症、教職員による体罰や不祥事、また地域全体の危機である自然災害などが発生することがあります。

　『生徒指導提要』では、「事件・事故や災害などによって、通常の課題解決方法では解決することが困難で、学校の運営機能に支障をきたす事態」を「学校危機」と定義しています（提要：96頁）。想定外の事態の発生により、情報の混乱、人間関係の対立、不安定な心理状態の拡大などが生じ、平常時に機能していた問題解決システムが働かなくなり、個人への影響のみならず、学校コミュニティ（児童生徒・保護者・教職員・地域の人々）の機能不全が生じ、二次被害を生む危険性も高まるような緊急事態を意味します。

　したがって、学校には、学校危機を招くような事件・事故を防止するために、日頃から事件・事故につながる危険因子を除去するとともに、事件・事故や災害などが生じた場合にはその影響を最小化し、安全・安心な環境の早期回復に努めることが求められます。つまり、学校危機管理においては、危機の発生を未然に防ぐためのリスクマネジメント（risk management：未然防止教育・予防的介入）と、危機発生時および発生後の対応であるクライシスマネジメント（crisis management：緊急時の初動対応・継続的対応）の2側面からの取り組みを進めることが必要です。そのためには、「学校として、事件・事故や災害への対応を想定した危機管理体制と組織活動、外部の関係機関との連携を、平常時から築いておくこと」が不可欠です（提要：97頁）。

　本稿では、学校危機管理のうち、リスクマネジメントに焦点を当て、そこで求

められる学校教育相談の役割について考えてみます。

2. リスクマネジメントをどう進めるか

　リスクマネジメントを進めるにあたって、『生徒指導提要』で示されている内容について紹介します。まず、「安全管理と安全教育は密接に関連させて進めていくこと」が大切です。安全管理では「定期的に学校の施設や設備を点検し、事件や事故につながらないように修理したり使用停止にしたり、ルールやきまりの遵守の徹底などを通して」、危機の発生の防止に取り組むこと、また安全教育においては、「児童生徒が危険に気付いて回避したり、被害に遭わないように自ら判断したりする力」や「進んで安全な行動が実践できるような資質・能力」を身につけることが目指されます（提要：97頁）。

　ストレスマネジメントやＳＯＳの出し方に関する教育を含む自殺予防教育、人権学習などの実践は、学校危機のリスクを低減する取り組みと言えます。

　加えて、学校は危機に備える「危機管理体制」を構築し、危機時に実効的に機能できるように、平常時から次のような取り組みを進めることが求められます（提要：97〜99頁）。

---

①**危機管理マニュアルの整備**：学校危機対応は管理職の主導で進められますが、事前に作成しておいた危機管理マニュアルをもとに、管理職の不在時であっても危機の内容と学校の体制に応じて役割を分担し、チームで対応していきます。

②**危機対応のための実践的研修**：「事件・事故、災害発生時の学校運営を想定した研修」を実施し、危機管理マニュアルや教職員間の申し合わせ事項を確認するとともに、「心のケアの研修」を行い、事件・事故や災害発生後の児童生徒の心理的反応とそれへの対応に関する共通理解を図っておくことも必要です。

③**日常の観察から得られる情報の共有化**：学級・ホームルーム担任が朝の健康観察により児童生徒の心身の健康課題に気づき迅速に対応したり、教職員間でリスク（危機に陥る危険性）への気づきを共有したり、校務分掌間で早期に対応したりすることがリスクマネジメントの実践につながります。

---

3. 自殺予防の３段階と学校教育相談の役割

　『生徒指導提要』に示されたリスクマネジメントの方向性をふまえたとき、学

校・教職員は危機の発生を防ぐために、日常の教育活動を通じて、どう危機（の予兆）に気づき、かかわればよいのでしょうか。また、児童生徒は危機に対処するために、どのような姿勢や力を身につけたらよいのでしょうか。そのために、学校教育相談ができることは、どのようなことなのでしょうか。

　危機が極限に至って生じるのが自殺です。そこで、自殺予防の具体的な取り組みを取り上げ、リスクマネジメントの実際について考えてみたいと思います。

　「生徒の変化に教員が最初に気づいて適切な援助をさしのべている例がきわめて多く、自殺が起きている数をはるかに上回る数の生徒や家族を救っている」（高橋、2008）という指摘があるように、児童生徒の自殺の徴候を察知し危機に対応する上で、学校の教職員は家族に次いで重要な位置を占めています。したがって、自殺のリスクマネジメントにおいては、児童生徒の「救いを求める心の叫び（危機のサイン）」をしっかり受け止める関係と仕組みが、学校の中につくられていることが不可欠です。

　自殺予防は、自殺を未然に防ぐための日常の相談活動や自殺予防教育などの「**予防活動**」（プリベンション）、自殺の危険にいち早く気づき対処して自殺を未然に防ぐ「**危機介入**」（インターベンション）、不幸にして自殺が起きてしまったときの遺された者への心のケアを含む「**事後対応**」（ポストベンション）の3段階から構成されます（提要：193頁）。事後対応も自殺予防に含まれるのは、遺された者への心のケアが不十分であると、将来的に自殺の危険を高めたり、最悪の場合には自殺の連鎖を引き起こしたりしてしまうことがあるからです。この3段階の取り組みが相互に連動することで、包括的な自殺予防が可能になると考えられます。

　日常の予防活動や危機介入時には「校内連携型危機対応チーム」が、事後対応時には関係機関や専門家も招集される「ネットワーク型緊急支援チーム」が組織されます。いずれのチームにおいても、基盤となるのは学校教育相談体制です。その際、教育相談コーディネーターは、学校内外の連携・協働の要となることが求められます。

4．自殺のリスクマネジメントにおける教職員の役割

(1) 学校教育相談のカウンセリングで子どもの心の揺らぎに気づく

　児童生徒が自分で解決することが難しい課題を抱えたり、危機に陥ったりしたときに、自ら「助けて」と言える「援助希求能力」を高めることが重要であることは言うまでもありませんが、追い詰められて心理的視野狭窄に陥ってしまうと、自ら援助を求めることができない場合も少なくありません。特に、それまでの経験から、大人への信頼感を抱くことができずにいる児童生徒は、教職員に悩みを打ち明けることに抵抗を示しがちです。また、発達段階や心理的特性から、危機

にあることを自覚できなかったり言語化することが難しかったりする場合もあります。

　したがって、学校においては、児童生徒が「助けて」と言えるさまざまな回路を用意するとともに、日々の健康観察や定期的な面談、生活アンケートなどを通じて、教職員が些細な変化に気づき、危機的な（危機に陥りつつある）状況にあることを察知することが求められます。

　危機の兆候に気づくには、表面的な言動だけにとらわれず、笑顔の奥にある絶望を見抜くことも必要です。言葉の向こうにあるもの（口では「大丈夫」と言いながら拳を握りしめている等）に思いをめぐらせたり、言葉にならない「ことば」（困った行動をすることで危機のサインを送ってきたり、心の揺らぎが身体の不調となって現れたりする等）を聴こうとする姿勢が求められます。そのとき、有効な手立てを提供するのが、学校教育相談のベースであるカウンセリングの理論や技法であると考えられます。

(2) 「正常性バイアス」に陥らないように

　危機は、子どもであればそれほど珍しい変化ではないと思われる現れ方をする場合もあり、いくら気をつけていても、その時点では気づくことが難しいサインがあるのも事実です。ただ、できるだけ見逃しを防ぐために大切なのは、その子の日常をしっかりと見て総合的に判断することです。児童生徒の表情や素振り、あるいは学級の雰囲気から些細な変化を察知し、少しでも違和感を覚えたら、「大丈夫だろう」ではなく「もしかしたら」と、気になることを過小評価しない、つまり「正常性バイアス」に陥らないことが重要です。

　また、思春期・青年期には、内面の葛藤や悩みは誰にも話せないと過度に意識し、厚い壁を自分の周りにめぐらし、自分だけの世界に閉じこもってしまうほどに生きづらさを増幅させてしまうこともあります。周囲の大人は、「何を考えているのかわからない」とかかわり薄くしてしまいがちですが、児童生徒がそのような心理状態に陥ったときが最も危険であることを心にとめておくことも必要です。

5．自殺のリスクマネジメントのための学校教育相談体制

(1) チームで支援する

　自殺問題は「専門家といえども１人で抱えることができない」と言われます。学校においては、個々の教職員の役割を明確にした上で、危機にある児童生徒をチームで支援する体制をつくることが求められます。管理職、教育相談コーディネーター、生徒指導主事、学年主任、養護教諭、スクールカウンセラー（ＳＣ）、スクールソーシャルワーカー（ＳＳＷ）などから構成される「校内連携型危機対

応チーム」を組織し、担任を支えながら当該の児童生徒を支援する体制を組むことが必須です。そのためには、問題を1つのクラスや学年に特有のものとするのでなく、絶えず全体に投げかけ、学校をあげて情報を交換し、知恵を出し合って問題に取り組むことが不可欠です。危機にある（と思われる）児童生徒を1人の教職員が抱え込むのではなく、チームで組織的に対応することによって初めて、丁寧なかかわりと幅広い支援が可能になります。

　また、学校だけでは対応が難しい場合には、医療や心理、福祉などの関係機関や専門家とのきめ細かな連携を進めることも不可欠です。「ネットワーク型支援チーム」を組織し、学校に専門家の視点を入れることで、教職員が必要以上に混乱に巻き込まれることを防いだり、直接かかわる人の不安を軽減したりすることも可能になります。

　したがって、自殺のリスクマネジメントにおいては、面談やアンケート等を通じて危機の予兆を発見し、アセスメントのための情報を収集し、学校内外の援助資源の連絡調整を図る教育相談コーディネーターの果たす役割がきわめて重要であると言えます。

　コーディネーター役が校内で孤立していては、自殺予防のための組織は機能せず、予防活動の定着もおぼつきません。まず、他の教職員との協力関係をつくることが不可欠です。危機が生じてからではなく、教育相談コーディネーターと生徒指導主事、養護教諭やＳＣ、ＳＳＷが日常的に協力しあって、児童生徒自身と児童生徒を取り巻く環境の課題解決に取り組む姿勢を保持することが重要です。そのためには、多くの教職員が参加できる肩のこらない事例検討会や研修会を定期的に開催するとともに、相談室や保健室を密室にしないで、児童生徒にも教職員にも開かれた場にしておくことが望まれます。

(2) 風通しのいいチームであることが大切

　面談やアンケート等を通じて教育相談コーディネーターに届く児童生徒の訴えには、強い思い込みがあったり、時には意図せずに虚言が混じったりすることもないわけではありません。そのような不確かさを伴う（かもしれない）気づきを大切にしながら、「ちょっと気になることがあって」と当該の学級担任や部活顧問などと直接言葉を交わして、教育相談の視点から得られた情報とそうでない情報とを重ね合わせることが大切です。そうすることで初めて、児童生徒を取り巻く状況が見えるようになり、組織として情報共有することが可能になります。

　しかし、日常的に児童生徒と身近にかかわる教員が「大丈夫」と判断すると、そこで対応が止まってしまうこともあります。緊急度の高い仕事に追われる多忙な状況の中で緊急度が低いように思われる「ちょっとした気づき」を次の対応につなげるためには、教育相談コーディネーターがその専門性を活かして、他の教

職員に同調しすぎずに意見を交流できる関係を築いておくことも重要です。『生徒指導提要』でも「組織が真に機能するためには、『無知、心配性、迷惑と思われるかもしれない発言をしても、この組織なら大丈夫だ』と思える、発言することへの安心感を持てる状態（心理的安全性）をつくり出すことが不可欠です」と述べられています（提要：127頁）。日頃から職員室に風通しのよい人間関係が生まれるように働きかけることも、教育相談コーディネーターの重要な役割です。

6. 児童生徒を支える包括的な学校教育相談体制の実現に向けて

　自殺に追い詰められた心理をたどると、それまで生きてきた過程において、小さな危機的状況がさまざまな形で積み重なってきたことが見えてきます。その小さな危機的状況を乗り越えられるようにどう支援するかが、危機の深刻化を防ぐための鍵になると思われます。

　リスクマネジメントのためのチーム支援を進めるためには、校内においては、校務分掌の「縦割りの意識と分業的な体制が強すぎると、複合的・重層的な課題を抱えた児童生徒への適切な指導・援助を行うことが阻害されてしまう」状況も生じかねません。必要に応じて「児童生徒一人一人への最適な指導・援助が行えるように、それぞれの分野の垣根を越えた包括的な支援体制をつくる」ことが求められます（提要：89頁）。「学校いじめ対策組織」はその具現化されたものと考えられます。管理職のトップリーダーシップとミドルリーダーの横のネットワークを基盤に、実効的な組織として機能させることが、いじめによる自殺などの重大事態を防ぐ上で不可欠です。また、教職員と多職種の専門家との連携・協働においては、それぞれの専門性に基づき、「できること」「できないこと」を明らかにし、そのことを相互理解しておくことが重要です。

　教育相談コーディネーターがつながりの要となって、教職員、多職種の専門家など学校に関係する人々が、日頃からコミュニケーションを密接にとりあい、お互いの強みを活かし弱みを補い合いながら、協力して児童生徒を支える学校教育相談体制を築くことが、リスクマネジメントにおいて何よりも大切なのではないでしょうか。

〈参考文献〉
赤澤真旗子（2021）「保健室から見た生徒指導」『月刊生徒指導』11月号、51（12）、76-77頁
新井肇（2023）「心の危機と向き合う生徒指導の進め方」『初等教育資料』7月号、通巻1035号、8-13頁
文部科学省（2022）『生徒指導提要』
高橋祥友編著（2008）『新訂増補　青少年のための自殺予防マニュアル』金剛出版

[学校教育相談の視点を軸に]

4 学級活動、特別活動と 学校教育相談

春日井敏之

1．子どもの最善の利益の実現と学校教育相談

　学級活動や特別活動における学校教育相談のあり方、子どもへの指導、支援、ケアのあり方を考える際に大切なのは、何のために子育て、教育を行っているのかという理念・目的を保護者や教職員が共有していくことです。教育の理念・目的とは、憲法、子どもの権利条約に規定されている「子どものいのち、権利、利益」を守り、その実現を図っていくことです。子どもの権利条約では、これを4つの原則、「子どもへの差別の禁止」「子どもの最善の利益の実現」「生命、生存および発達に対する権利」「子どもの意見表明権の尊重」として規定しており、2022年に改訂された『生徒指導提要』（文部科学省、2022）にも明記されています。

　『生徒指導提要』では、生徒指導と教育相談について、両者を一体的な教育活動としてとらえ、教育相談を軸にした生徒指導が提唱されており、子どもの権利条約の明記とともに大きな前進です。「させる指導から支える指導」への子ども観、指導観の転換が求められており、学校教育相談を軸にした生徒指導、教育実践が求められています。特に、子どもの最善の利益の実現を図ることと、当事者である子どもの意見表明権を尊重すること、そのために教職員や支援者には、威圧的、操作的、暴力的ではなく、子どもの話を「聴く」ことを入り口にした対話的、共感的な姿勢とかかわりがワンセットで求められています。その中で、子どもの主体性と協働性が育まれていくからです。

　この教育の理念・目的は、世界保健機構（WHO）等が提唱している well-being（心と身体と社会的つながりの良好な状態＝幸福）とも重なっています。すべての子どもは、かけがえのないいのちと幸せになる権利をもって誕生します。かけがえがないということは、「代わりがいない」「あなたは1人しかいない」ということです。子どもどうしを比較して優劣をつけるのではなく、まず子ども一人一人の存在（being）に対して愛と敬意を払うことが求められているのです。そのような共存的他者との出会いを通して、子どもたちは、高垣（1994）が「自分が自分であって大丈夫という感覚」と定義した「自己肯定感」を、人生の浮き袋として膨

らませていくことができるのではないでしょうか。子どもたちは、「生まれてきてよかった」「今まで生きてきてよかった」と思えるときに、未来に向かって自分らしく人生を切り拓いていくことができるのです（春日井、2024a）。

2. 学校教育相談を軸にした子ども観、指導観、同僚性

学校教育相談を軸にした学級活動、特別活動における教育実践のあり方として、次のような子ども観、指導観、同僚性をふまえる必要があります（春日井、2024b）。
①憲法、子どもの権利条約が規定する「子どもの権利の尊重」「最善の利益の実現」を教育実践の理念・目的に据えること。
②そのために、「聴く」ことを大切にした子どもの「意見表明権の尊重」によって、教職員と子どもとの信頼関係を形成し、子どもの主体性と協働性を育んでいくこと。
③具体的には、子どもにとって、安心安全な学校とはどんな学校なのか、子どもが毎日通いたいと思える学校とはどんな学校なのか、子どもの願いを聴きながら一緒に学校づくりに取り組んでいくこと。
④その際に、教育実践を担う教職員の同僚性が問われていること。これは、教職員間のピア・サポート活動であり、日常的に助けたり助けられたりしながら、子ども、同僚と一緒に教育実践を展開していくこと。

しかしながら、学校や地域、社会における比較・競争と評価の眼差しを受けながら、その泥や垢にまみれているような状況の中で、大人である教職員や保護者が意識を転換・更新していくことの難しさがあります。教職員や保護者が、自分のことだけで精いっぱいになっているような状況が、自分と向き合う余裕も、周囲の同僚や子どもたちと向き合う余裕も失わせているのではないでしょうか。教職員にも保護者にも、自分たちと子どもたちを縛ってきた「ねばならない」という外から与えられた呪縛からの脱却が求められています。本来、憲法と子どもの権利条約は、「ねばならない」の呪縛から私たちを解放し、自らの内から湧き上がる「やりたいな」と思えること、それが「自分と誰かのためになる」と思えることをお互いに大切にしていくことを保障しているのです。

3.「聴く」というかかわり──子どもが求める学校、教職員、自分

教育に携わる専門職として任用されている教職員は、教科活動に加えて、学級活動、学校行事、児童会・生徒会活動等の特別活動を担っています。

学級活動を含む特別活動における教育実践を展開するときに、「聴く」というかかわりを入り口にして、子どもと教職員とが人間関係、信頼関係を形成していくことが重要です。では、子どもたちは、どんなときに「話を聴いてもらえた」「相

談してよかった」と実感しているのでしょうか。

　筆者は、2024年度から滋賀県の私学の高等学校校長に着任しました。年度はじめの研修会で、子どもや保護者との「聴く」というかかわりについて、教職員一人一人が振り返るところから、教育実践、学校づくりの発展を図ろうと考えました。そこで教職員研修会について、筆者も参画してワーキンググループを立ち上げ、年間計画について検討しました。6月開催の初回の研修会は、「『聴く』ということ―生徒・保護者と教職員のかかわり」をテーマとしました。内容は、①管理職による最悪の聴き方のロールプレイ、②2人1組での自分にできる最高の聴き方のロールプレイとお互いへのフィードバック、③事前に全教職員70名余りと生徒会役員30名余りに取っていた「聴くこと」に関する振り返りのアンケート結果の報告、④聴くことに関して自分が大切にしてきたことと今後の課題について4人1組でのグループワーク、⑤具体的な事例の提示と「聴く」ことを重視した対応に関する事例検討のグループワーク、⑥筆者からのミニ講座で構成しました。学校教育相談の視点から、聴くことを大切にした子ども、保護者、同僚とのかかわりが、いじめ、不登校、暴力等の諸課題に対する教育実践のベースとして重要だと考えたからです。参加型の研修企画によって、活発な議論が行われました。ここでは、聴くことに関する生徒会役員からの率直な声の一部を紹介します。

【相談したいなと思う先生、相談してよかったと思う先生】

　笑顔でうなずきながら目を見て話を聴いてくれる／生徒の意見を尊重しつつ先生自身の意見も言ってくれる／すぐに否定するのではなく寄り添って話を聴いてくれる／生徒と同じ視点で共感して考えてくれる／困ったときの解決策を一緒に考えてくれる／「大丈夫？　何があったの？」と尋ねてくれる最初の言葉が優しい／言いたくないことをわかってそこに踏み込んでこない／時間をつくって話を聴いてくれる／対応が速い／時間に追われている様子を感じさせず余裕をもって優しく聴いてくれる／「話してくれてありがとう」と感謝されるととても安心／性格や環境を理解した上で考えてくれる、等

【相談しにくいなと思う先生、相談するんじゃなかったと思うような先生】

　腕を組んで、何を言っても自分の意見しか言わない／話をあまりしていないのに聴かないで否定されたとき／相談しようとしても「時間がない」「忙しい」と言って断られる／相談と関係ない話を急に持ち出す／こちらの人格を否定してくる／相談者の考えを尊重してくれない／勝手におおごとにされる／アドバイスもありがたいけど共感してほしい／何か別の作業をしながら話をされたとき／途中で話をさえぎって、自分の意見や解決策を押しつけてくる／上から目線でものを言いすぎる／「おまえ」って言う先生／大変なのはわかりますが、仕事の1つとしてしか考えていないのがまるわかりの先生、等

子どもが抱えている課題や事態は、一度話を聴いただけでは解決は難しいことが多くあります。しかし、子どもが「聴いてもらえた」「話してよかった」と思えることで気持ちが少し落ち着き、課題に焦らずに向き合えたり、切り替えて前を向くことができたりもします。「聴く」というかかわりは、子どもが安心して自分と向き合うことを応援することなのです。

筆者がこれまでに、子どもたちから学び、大切にしてきたことは次の点です。

①子どもの悩みや葛藤等（事実と感情）を否定しないで聴く。
②どうしたらよいのか、子どもと一緒に考えるプロセスを大事にする。
③大人の対応の不十分さの指摘を受けたときには率直に謝る。
④「あなたはどうしたいの？」と問いながら、子どもが自分と向き合い自己決定していくプロセスを応援する。
⑤大人の考えを押しつけないで、「自分だったらこうするかも」とアイ・メッセージで伝え、求められた情報や選択肢は提供する。
⑥「この時間は、あなたにとってどんな時間だった？」と控えめに聴いて、次につなげていく。

4．学級活動、特別活動で学校教育相談を活かす取り組み

(1) 学級担任の仕事──「つながる」ことと「つなげる」こと

学級担任が果たす役割は2つあります。1つには、担任が子どもとの信頼関係を大切にしながら、個別に「つながる」ことです（パートナー）。例えば、希望や不安を抱えて入学・進級した子ども全員を対象にした年度はじめの個別面談等は有効です。2つには、子ども同士、子どもと他の教職員、子どもと保護者、子どもと学外の大人など、担任以外の他者と「つなげる」ことです（コーディネーター）。担任が1人で悩まずに、子どもとチャンネルの合いそうな教職員にSOSを出して助けを求めることで、子ども支援のためのチームが生まれます。例えば、筆者が勤務する高校の単位制課程では、担任・副担任のほかに、第3の担任として相談したい教職員を子どもがあらかじめ指名して登録しておく「パーソナルチューター制度」をとっています（春日井ほか、2013）。

(2) 関係する子どもたちのグループに相談する──問題解決的アプローチ

学級のインフォーマルグループの中で、いじめなどのトラブルが発生したとき、学級全体で話し合って解決を図るのも1つの方法ですが、逆に問題を広げてしまい、子どもをさらに傷つけるような結果を招くこともあります。そこで例えば、関係する子どもたちのグループに以下のように問題解決的アプローチで働きかけ

るることも有効です。①まず、いじめられた側から個別に話を聴き、次にいじめた側からも個別に話を聴く。その際に、「事実」と同時に「感情」を聴き取り双方のズレを整理していく。②必要に応じて周辺の子どもから話を聴く。③問題点の確認と同時に、今後どうしていきたいのか、双方から話を聴く。④「和解する」「しばらくは心理的・物理的に距離をとる」「関係を解消する」の3つの中から、いじめられた側の意向を尊重した対応を行う。⑤学級にどのような報告を行うのかについても、当事者の意向を尊重しながら決めていく。いずれの場面でも、担任、学年等の教職員の対話的、共感的な姿勢と対応が大切になります。

(3) 気になる子どものことを周辺の子どもに相談する──予防的アプローチ

　登校しぶり、元気がない、攻撃的な言動等、少し気になる子どもに対して、担任はどのようにかかわればよいのでしょうか。気にかけてくれている周辺の子どもたちに率直に相談をもちかけ、聴いていくことも予防的アプローチの1つです。そこから、支援のためのチームが学級に誕生し、作戦会議が始まったりします。例えば、「Aさん、最近元気がないんだけれど、何かあったのかな？」等と、子どもたちに尋ねてみます。時には、「先生は、今は何もしないほうがいい」といった反応も返ってきて、内心がっかりすることもあります。しかし、子どもたちに可能な支援を依頼し、様子を見守ることが大切です。こうして、担任と子どもたち数名からなる「チームAさん」が誕生して機能していったりするからです。子どものことは子どもに聴くという担任の姿勢が大切になります。

(4) 面談期間を活用したグループアプローチ──開発的アプローチ

　学校での面談期間の取り組みは個別面談を中心に行われますが、担任が学習や生活面の状況を話してひたすら叱咤激励したりするのでは、教育相談とは言えません。担任と1対1ではなかなか話しにくい子どももいるため、1学期末から2学期の時期にグループ面談という形で実施する工夫は有効です。例えば、2〜4人のグループを子どもたちが主体的に組んで、学習や生活面についての現状、課題、自己評価等について話し、担任は聴く側にまわります。また、学級で気になっていることや、担任や学年への要望等などついても聴いていきます。担任としては時には耳の痛い注文を聴く機会になりますが、子どもたちの学級での友人関係をリアルに把握することができて、今後の指導・支援につながっていきます。

(5) 学校風土を子どもと共に問い直す──安心安全な学校づくり

　ＣＯＣＯＬＯプラン「誰一人取り残されない学びの保障に向けた不登校対策」(文部科学省、2023)では、「学校の風土の『見える化』を通して、学校を『みんなが安心して学べる』場所にする」ことが提言されています。では子どもたちは、①どんな学校を願っているのか、②どんな教職員を求めているのか、さらに、③自

分は、どんな人になりたいと願っているのか。例えば、児童会・生徒会でアンケートをとり、子ども参加によって可視化を図り、子どもと一緒に安心安全で楽しい学校づくり（学校像、教職員像、子ども像）につなげていくことができるのではないでしょうか。筆者は、勤務する高校の「生活アンケート」に、上記の３項目を追加してもらい、自由記述で回答を得ました。子どもの意見を聴きながら、目指す学校像、教職員像、子ども像を検討していくことが、学級活動、特別活動の充実にもつながっていくと思うのです。

５．コミュニティの再編と学校教育相談──つながって生きるために

コロナ禍以降、学校現場からは「すぐあきらめる子どもが増えた」「感情と言葉が出てこなくなった」「人間関係の回避傾向が見られる」といった状況が報告されてきました。学校、家庭、地域、社会におけるさまざまなコミュニティが寸断されていったことに加えて、学校がこれまで大切にしてきた人間関係とコミュニケーションの機能が、コロナ禍によって不全に陥ってしまった影響が、対面生活の中でより表面化しています。そのことが、コロナ禍以降のいじめ・不登校の増加にも表れています。人はお互いにつながって生きようとするために、そのプロセスでさまざまなトラブルが発生します。それを失敗付きの練習として受けとめて、成長のための居場所としての学校の機能の再生とコミュニティの再編が求められています。この点は子どもだけの課題ではなく、大人である教職員、保護者の課題にもなっています。

このような状況にあって、勤務校での「生活アンケート」から見えてきた子どもたちが願っている将来の自分は、１つには、学校、家庭、地域、社会等において、自分らしく生きたいということ（**主体性**）。２つには、その中で誰かを助けたり、助けられたりしながら、他者とつながって社会の課題の解決を図っていきたいということ（**協働性**）でした。この２点は統合されて、子どもたちの生き方や働き方の土台になっていきます。そのために、学校教育相談の視点や方法が、学級活動、特別活動の中で活かされていく必要があると考えています。

チーム学校の一員である子どもの声を丁寧に聴きながら、学級づくり、学校づくりを子どもと一緒に進めていきましょう。

〈参考文献〉
春日井敏之・近江兄弟社高等学校単位制課程編（2013）『出会いなおしの教育─不登校をともに生きる』ミネルヴァ書房
春日井敏之（2024a）「不登校の子どもをもつ保護者への支援──一緒に考えるプロセスの大切さ」『季刊教育法』221、42-49頁
春日井敏之（2024b）「子どもの権利と教職員の聴くという関わり─不登校の捉え方と支援を切り口に」『学校教育相談研究』34号、5-16頁
文部科学省（2022）『生徒指導提要』
文部科学省（2023）「誰一人取り残されない学びの保障に向けた不登校対策『COCOLOプラン』（概要）」
高垣忠一郎（1994）『大事な忘れもの─登校拒否のはなし』法政出版

［学校教育相談の視点を軸に］

⑤ 学校教育相談の視点からの授業づくり

髙橋あつ子

　授業は、教師にとって最も重要と言っていい教育活動です。学校教育相談は面談など授業外の活動と思われがちですが、そうではありません。そもそも学校教育相談は、「教師が児童生徒最優先の姿勢に徹し、児童生徒の健全な成長・発達を目指し、的確に指導・支援すること」（日本学校教育相談学会、2006；今井、2015）と定義されています。この「健全な成長・発達」に授業も大きく寄与するはずです。そしてその授業では今、学習者中心の学びが求められています。まさに児童生徒を最優先する学校教育相談と合致しているのです。

　ここでは、学校教育相談の視点を軸に、授業における指導・支援を探っていきましょう。

1．授業内で行う発達支持的支援

　『生徒指導提要』（改訂版）では２軸３類４層の支援を提唱し、なかでも第１層の発達支持的支援を強調しています。これは、「児童生徒が自発的・主体的に自らを発達させていく」（文部科学省、2022）ことを尊重し、それを支えていくかかわりです。当然ながら、自己理解や人間関係能力の伸長を促す働きかけも大事ですが、「学習指導と関連付けて行うことも重要」（提要：20）としています。

資料1-5-1　４層支援と学校教育相談の心理プログラム・学業領域

困難課題対応的生徒指導	個別カウンセリング アンガーマネジメント等	合理的配慮
課題早期発見対応	小集団ＳＳＴ 別室登校 　　　　　　等	個別指導 個別の指導計画 通級による指導　　等
課題未然防止教育	ピア・サポート 各種予防教育 　いじめ　喫煙 　ゲーム依存　　等	ピアチュータリング 補習　試験前講座 プログレスモニタリング 　　　　　　等
発達支持的生徒指導	心理教育プログラム 　自己理解　他者理解 アサーショントレーニング ＳＥＬ　ＳＳＴ ストレスマネジメント ピア・サポートプログラム 全員面接　　　　等	ガイダンス ＵＤＬ　自己評価　ＩＣＴ 多様な学習方略 学び方のアセスメント 協働学習 自己調整学習 形成的評価　　　　等
	非認知能力	認知能力

＊左図は、『生徒指導提要』より

　前者が、長く学校教育相談が得意としてきた自己理解や関係づくりに関する心理教育的プログラムです（資料1-5-1）。心理的成長を企図したプログラム介入は、第１層だけでな

く、各種予防教育（第2層）に該当する実践もあります。当初、主として支援の必要な子へのかかわり（第4層）から始まり、その効果をより早くより多くの子に届けようと第3層、第2層、第1層へと拡張してきたのです。それらの成果は大きく、カリキュラムに取り込む学校も増えています。

　反面、後者の「学習指導」と関連づけて行う学校教育相談は、これまで必ずしも明示化されてきたとは言えません。なぜなのでしょう。学校教育相談が重視する領域は学業的発達、キャリア的発達、個人的・社会的発達の3領域とされています（学校教育相談学会、2006）が、当初は、個人的・社会的発達の領域に主な関心が注がれていたからではないでしょうか。しかし、キャリア的発達においても、進路に悩む生徒への対応を行ってきました。そして全員が自己理解をもとに自分らしい進路を考えたり、ソーシャルスキルを学んだりする取り組み（第1層）へと充実させてきたと言えます。

2. 学業領域における発達支持的な支援

　個人的・社会的発達やキャリア的発達にかかわる内容は、主に非認知能力です。生き方に直結する内容ですが、研修しないと取り組みにくいかもしれません。それだけに学校教育相談が、開発的カウンセリングとして種々の心理教育的プログラムをその効果とともに発信してきた意味は大きいはずです。

　一方、学業は、認知能力を扱い、学校教育相談に関心がない教師でも、まさに当然の職務として取り組む領域です。その領域でも、学業達成が思わしくない子との相談だけでなく、すべての子どもや保護者との面談も重ねてきました。では、この学業領域でも第4層から第3、2、1層へと広がったのでしょうか。

　認知カウンセリング（市川、1993）は、個別の学習プロセスに丁寧に沿い、本人の自己診断や、メタ認知を促し、教訓帰納を見出すことを支援する活動です。これらの成果が、学習法講座（市川、2003など）として第2層に、「教えて考えさせる授業」（市川、2008）として授業そのものに還元されていきました（第1層）。また、学校教育相談で重視する姿勢が、学業達成に活かされた取り組みとしては、尾崎・西（1996）に見ることができます。授業内に見られる学習者の発言を教師が傾聴し、集団内でフィードバックする営みの中に学校教育相談を活かすことの有用性を示しています。

　教師の実践の中で、授業は、時間的な長さだけでなく、子どもが感じる達成度や満足度の比重においても、他の活動の比ではありません。その学年に応じた知識や技能を身につけ、「学びに向かう力、人間性」をも発達させていく場です。知的発達はもとより、対話的な学びを通しコミュニケーション能力を伸ばし、自分の学びをメタ認知して自己受容も育まれるでしょう。

　まさに授業は発達を促すには格好の時間と空間であり、そのための内容が担保

された場なのです。さらに、ここに学校教育相談の理念と技法を活かすことができれば、土壌に水や栄養素を注ぐように、より豊かな成果を生むでしょう。

3．個に応じた学びのさらなる推進

　「令和の日本型学校教育」（文部科学省、2021）で示されているように、学習者の多様化は言うまでもなく、学力観も見直され、求められる授業のあり方も急速に変化しています。一斉指導で効率的に知識の定着を目指した旧来型の授業では、受け身の学習者をつくり、同調圧力を高めてしまうと指摘されています。そこで、個に応じた指導をさらに強化するために「指導の個別化」と「学習の個性化」が求められ、対話を主とした協働的な学びで「学びに向かう力、人間性」を育てることが期待されています。これらは、これまで学校教育相談が大事にしてきた「個の尊重」と「関係づくりを基盤にした教育活動」ときわめて親和性が高いものと言えるでしょう。

　それでは、どのように学校教育相談で培った理念やスキルを学習場面に活かしていけばいいのでしょうか。

　ここで、「評価」について少し考えてみます。指導と評価の一体化も叫ばれて久しいですが、評価に関する考え方も進化しています。個別最適化を進める上では、診断的評価や総括的評価以上に、指導しながら学習達成度を把握し、次なる指導に活かす形成的評価が注目されています。これは、評価の時期の違いでとらえられがちですが、総括的評価が「学習の評価（Assessment of learning）」であるのに対し、学習をより効果的に行うために行う「学習のための評価（Assessment for learning）」という形成的評価の概念を区別して使う意義が示されているのです（安藤、2013）。また、評価は教師が行うものとされてきましたが、近年では、学習者自身の自己評価（モニタリング）や共に学ぶ仲間からの他者評価（ピアフィードバック）の効果が検証され、実践も広がってきています。

　さらに、学習者の遂行プロセスや成果物に教師が何らかのコメントを伝える働きかけは、学習者の発言に対するリヴォイシング（一柳、2009など）や、学習者から提出された作品や記述に教師が書き込むコメント等、日常的に行われています。口頭のフィードバックに関して学校教育相談の手法と関連させると、プラスのストロークを送る働きかけや、学校心理学が大切にしている4つのサポート（石隈、1999）、すなわち**道具的サポート、情報的サポート、情緒的サポート、評価的サポート**から働きかけを吟味することもできます。つまり、学習者の学習行為（つぶやきや発言、対話、書き込み、提出物など）に対し、「やったかどうか」「合っているか否か」ではなく、「頑張ってたね」「疲れてるね」「難しいのに投げ出さなかったね」と情緒に焦点を当てた言葉かけをしたり、「集中できたね」「じっくり考えて解決したんだ」と評価したり、「ここを見て」と参照枠を示したり（情報的サ

資料1-5-2　個の学びをフィードバックする

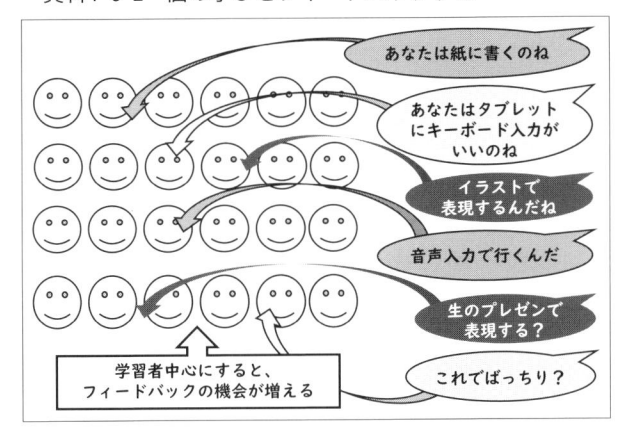

ポート）、具体的操作ができる教材を提示したり（道具的サポート）すること等が、学校教育相談を活かした対応と言えるでしょう。

これらは、個々の学習者の認知を促進するだけでなく、温かい関心が向けられていることを伝えてもいます。教師が教壇に立ち続けていた時代では、机間指導も回数が限られがちでしたが、学習者が自ら探究する場面を増やすことによって、形成的評価がしやすくなりました。個々の学習者が目標に向かって学びを自己調整する、その姿を教師が見取り、フィードバックするのです（資料1-5-2）。この個の学びを尊重したフィードバックによって、学習者は情緒的な安定感と学びのエイジェンシー（変化を起こすために、自分で目標を設定し、振り返り、責任をもって行動する能力）を目覚めさせ、主体的に学んでいく力を得るのです。

つまり、個別的な対応から発展し、すべての子どもの自己実現のための第1層にも広がりを見せたこの拡張プロセスは、学業においても同様にあり得るのです。そしてそれらをつなぎ、質を高めるのが教育相談マインドだと考えたいと思います。それは「（学校教育相談の理念を体得しているからこそ示せる）児童生徒を最大限、尊重し、成長のために役立つ働きかけをしようとする姿勢」とでも定義できます。

資料1-5-3　　4層の支援の質を高める教育相談マインド

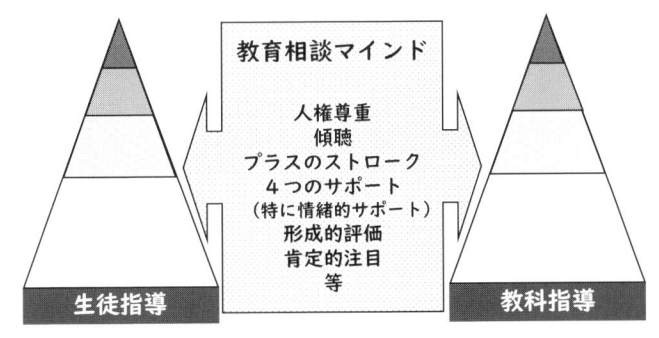

おそらくそれは、学校という場を知り、認知も含めた成長・発達の機序を理解し、集団の中で個を活かすマインドとして、場や内容を問わず、多くの働きかけに浸透し得るものと言えます（資料1-5-3）。

4．多様な学びに応じるUDL

学習者中心の教育観や「主体的・対話的で深い学び」の促進を否定する人はいませんが、どのように実現していけばいいかは不透明です。

ここでは、それに応える考え方として「学びのユニバーサルデザイン（Universal

Design for Learners：ＵＤＬ）」を紹介します。

　ＵＤＬは、アメリカのＣＡＳＴ（Center for Applied Special Technology）が提唱する「多様で変化しやすい学習者の教育的ニーズに対応するためのフレームワーク」（ＣＡＳＴウエブサイトより）です。ＵＤＬガイドラインは、脳科学の研究に基づき、学びのエイジェンシーを育てることを目指しています。それは「目的と内省力をもち、効果的にリソースを活用し、戦略的に行動できる」学習者です。これは「令和の日本型学校教育」が目指す自己調整できる学習者と一致します。その実現のために、感情、理解、方略のネットワークに沿って「取り組み」「提示（理解）」「行動・表出」の３原則、それぞれに３プロセスからなるガイドラインが示されています（最新版はＣＡＳＴ．2024）。

　ＵＤＬでは、「障害の社会モデル」同様、学びを困難にしている障壁（バリア）は個々の学習者の側ではなくカリキュラムの側にあると考えます。教室は多様な学習者が集っているので、１つの指導法ですむわけがありません。しかし一斉指導では特定の学習方法を皆に求めるので、障壁は増えます。教師がよかれと思う指導法であっても障壁をつくってしまうのです。反対に、多様な学び方が選べる環境だと、自分に合った学び方を選べばいいので、障壁は生まれません。選択肢に不足があれば学習者がリクエストすることもあります。このようにＵＤＬでは、学習者と共に「多様な方法（オプション）」を設計することが推奨されているのです。

　このＵＤＬの視点を活かして授業づくりを進めると、これまでの教師主導の発想や進め方の弊害に気づきます。かつては、目標は教師のみが知っていればよく、子どもに伝えずに活動に入る授業も多かったものです。それも昨今では、教師が目標を板書して子どもがノートに写す場面も多く見られるようになりました。しかし、どちらにせよ教師から与えられた目標であり指示された行為です。そもそも、なぜその内容を学ぶのか（Why）は不明のままです。

　ＵＤＬでは、この「なぜ、この単元に取り組むのか（Why）」を大事にします。教師が複数のWhyを例示し、その中から学習者が選んだり、学習者が自分でWhyを決めたりします。また、ルーブリック（学習の到達度を測定するための観点と尺度を表にした評価指標）やゴールを示すことで、学習者が学びによって何が得られるのかを知り、自己目標を決めることができます。これによって、俄然、主体的に取り組み始めるのです。

　「理解のために多様な方法をデザインする」原則を例にとると、まず学習内容にアクセスするために、紙の教材でも音声コンテンツでも動画でもいいと考えます。複数の選択肢があるからこそ、学習者は自分に合ったものを選べます。そして理解を深めるために、１人で考えてもいいし、複数人と対話してもいいとします。自由度が増すだけ、学習者は自己選択を迫られます。最初は選べなかった子も次第に、選べるようになっていきます。こうして学びのエイジェンシーを目覚めさせ、主体的になっていくのです。学んだことを表出する際にも、紙に文字で書く、

イラストや写真で表す、口頭発表、プレゼンなどの多様な選択肢から学習者が選ぶのです。

　ＵＤＬの視点を活かした授業づくりについて、教師からは「学習者に選択権を与えていいのか」という不安や、「自由な方法だと活動が拡散する」という心配、「多様な方法で表現されても公平な評価ができない」という疑問が上がります。まさに、教師主導から学習者中心に移行する際のハードルと言えます。そんなときの決め手は「目標」です。活動が拡散しても「何のためにやっているのか？」「目標に近づいているか？」と問うことで、学習者は本来の活動に戻るのです。ルーブリックで「あなたはどこを目指すの？」と尋ねることで、学習者自身が自分のために学習していくことに気づくのです。

　このようにＵＤＬのフレームワークを用いると、学習者の意思決定を尊重する学びに迫れます。個々の学習者に対し、「皆と同じにやる」ことを求めるのではなく、「あなたは自分のために決断できるはず」と信じ、「あなたは自分のためにこの時間をどう使うのか？」と問うことが増えます。そしてこの自己選択を承認し、背中を押す支援に使う時間も増えます。教師がTeachingの役割から解放されるからです。学習者と共に豊かな学びを実現する環境をデザインする側に立つことで、教師は資料1-5-2で示した個に応じたフィードバックをし、舵取りをする学習者の横で伴走する役割に専念できるのです。

　個別最適化が叫ばれ、さまざまな指導法が紹介されています。それらによって学習者の参画が設計され、学習活動が多様に展開されることは喜ばしいことです。しかし、ここで見定めたいのは、教師がある方法で学習者をコントロールするデザインなのか、自律的な学習者を育てる理念を有しているか、です。これは本質的な問題です。私は、ＵＤＬこそ、学習者が自分のために目標も方法も選び決定する、自己成長の基礎を築く学びだと思うのです。そして、その選択を尊重するあり方は、学校教育相談が目指す人間観につながると考えます。

〈参考文献〉
安藤輝次（2013）「形成的アセスメントの理論的展開」『関西大学学校教育学論集』3、15-25頁
ＣＡＳＴ（2024）「学びのユニバーサルデザイン（ＵＤＬ）ガイドライン version3.0 (graphic organizer)」バーンズ亀山静子・川俣智路・名越直・竹前夏子訳
市川伸一編著（1993）『学習を支える認知カウンセリング』ブレーン出版
市川伸一（2003）「学習相談と学習法講座」『学校臨床研究』2（1）、78-81頁
市川伸一（2008）『「教えて考えさせる授業」を創る』図書文化
一柳智紀（2009）「教師のリヴォイシングの相違が児童の聴くという行為と学習に与える影響」『教育心理学研究』57（3）、373-384頁
石隈利紀（1999）『学校心理学』誠信書房
今井五郎（2015）「学校教育相談の定義と歴史」日本学校教育相談学会研修テキスト
尾崎勝・西君子（1996）『授業に生きるカウンセリング・マインド』教育出版
日本学校教育相談学会企画、日本学校教育相談学会刊行図書編集委員会編著（2006）『学校教育相談学ハンドブック』ほんの森出版
文部科学省（2021）「『令和の日本型学校教育』の構築を目指して〜全ての子供たちの可能性を引き出す、個別最適な学びと、協働的な学びの実現〜（答申）」中央教育審議会
文部科学省（2022）『生徒指導提要』

［学校教育相談の視点を軸に］

6 学校メンタルヘルスと
学校教育相談

藤原忠雄

1．学校メンタルヘルスとは

　メンタルヘルス（mental health）について、世界保健機構（ＷＨＯ、2005）は「人々が人生のストレスに対処し、自分の能力を実現し、よく学び、よく働き、地域社会に貢献できるようにする精神的な幸福の状態」と定義しています。文部科学省（2009）は「メンタルヘルスとは、精神的健康の回復・保持・増進にかかわる専門領域を総称する言葉であり、（中略）具体的には、心理的ストレスや悩み、虐待や事件・事故・災害などの環境要因・外的要因による心身の不調、環境とは別に個人が生まれつきもつ素質と関連する問題、（中略）など多岐にわたっている」と説明しています。学校メンタルヘルスについては厳密な定義は現段階では確立されていませんが、「学校という場で生活する構成員のメンタルヘルスを追求する活動、及びこれに関する学問領域」（近藤、2017）と暫定的に定義されています。この究極の目的は、人権尊重と幸福追求を基盤としたＱＯＬ（Quality of Life：生活の質）の向上とされています。

　現在の学校においては、学校メンタルヘルスの中心的テーマは子どものメンタルヘルスであり、そのための心の健康教育です。扱う心の健康問題は学校生活における生きづらさとして顕在化する心の不調であり、その支援からウェルビーイング（well-being：身体的・精神的・社会的に良好な状態）の向上まで導く教育支援活動全体を学校メンタルヘルスととらえればよいでしょう。これは、日本学校保健会（2007）が指摘する「子どもの心の健康づくりは学校教育の重要な課題」に対する直接的・具体的取り組みと言えるものです。

2．学校メンタルヘルスの位置づけ

(1) 学校教育における位置づけ

　現行の「学習指導要領」では、心の健康や精神疾患に関する内容の充実が図ら

れ、メンタルヘルスリテラシー教育（心の健康に対する心構えや対処スキルに関する学習）が盛り込まれています。具体的には、小学校5年体育（保健領域）の「不安や悩みへの対処」、中学校1年保健体育（保健分野）の「ストレスへの対処」、高等学校保健体育（科目保健）の「精神疾患の予防と回復」（新規追加）です。しかし、現行の配当時間では、技能（具体的対処法）としての習得には至らず、特別活動や総合的な学習の時間なども含めた学校教育活動全体との関連を考慮した幅広い展開が必要とされています。

　また、文部科学省が2022年に改訂した『生徒指導提要』では、従来の「成長を促す指導」が「発達支持的生徒指導」と「課題予防的生徒指導：課題未然防止教育」に分けられました。ここで展開される社会的資質・能力の育成や生徒指導の諸課題の未然防止教育プログラムの実施等における基盤となるものが、心の健康教育であることは言うまでもありません。

(2) 学校教育相談との関連

　学校教育相談の構造（大野、2013；藤原、2023）における学校メンタルヘルスに係る教育活動の位置づけは、資料1-6-1の太字の部分です。

資料1-6-1　学校教育相談における学校メンタルヘルスの位置づけ

対象	whom	**すべての子**、一部の子、特定の子、教師、保護者、学校
担当	who	**すべての教師**、支援チーム、教育相談コーディネーター教師が中核
領域	where	学習面、進路面、**生活〈心理社会・健康〉面**
焦点	what	各領域における**課題・問題・論題**、**想像力や自己回復力**
水準	when	みまもる、**かかわる**、しのぐ、つなぐ、たがやす （1次的教育援助）　（2次的教育援助）　（3次的教育援助）
方法	how	サポート：**情緒的・情報的・評価的・道具的**
		アセスメント：参加的な観察を中核とする**統合的な子ども理解**
		指針：軽快なフットワーク、綿密なネットワーク、少々のヘッドワーク
		モデル：反省的（省察的）実践家
		活動：統合・組織・評価・**相談**・推進
目的	why	**すべての子のたくましい成長・発達、社会への巣立ち、人生を豊かに生き抜く**

　以上のように、学校メンタルヘルスは学校教育全般における子どもへの健康教育や発達支援の基盤として展開されるものです。その具体的内容は、メンタルヘルスの回復・維持・向上を目的とした予防的・開発的な心理教育であり、WHOや文部科学省のメンタルヘルスに関する定義や説明にあるように、ストレスへの対処が代表的かつ中核的なものとなっています。そこで、ここでは学校教育相談の健康領域における支援の中核的内容となるストレスマネジメント教育に焦点を

当て、藤原（2018）をもとにその内容について概観します。

3．ストレスマネジメント教育

　ストレスマネジメント教育とは、「ストレスに対する自己コントロールを効果的に行えるようになることを目的とした教育的な働きかけ」（山中・冨永、2000）です。換言すると、子どもたちがストレスと付き合い上手になるための教育的支援です。これは、学校教育相談の目的（資料1-6-1）である「すべての子のたくましい成長・発達、社会への巣立ち、人生を豊かに生き抜く」ための支援であり、ストレス社会において不可欠なものと言えるものです。

　ストレスマネジメント教育には、4つのステージがあり、各ステージの内容は次のとおりです。

(1) 第1ステージ：ストレスについて理解する

　ストレスと付き合い上手になるためには、相手であるストレスについて理解することが大前提となります。そのためには、次の2点を押さえておくことが最低限必要です。第1は、ストレスには良いもの（善玉ストレス）と悪いもの（悪玉ストレス）があり、「ストレス＝悪者」という単純な否定的イメージを払拭することです。そして、ストレスと上手に付き合うこと、ストレスをよりよく生きるための力として活用することが基本的な考えです。

　第2は、ストレスの発生には、一連のプロセス（資料1-6-2）があることを理解することです。ストレスの原因（ストレッサー）になったりならなかったりするのは、出来事をどのように受け止めるか（認知的評価）によります。ストレッサーになった場合、その受け止め方が心に反応し、心の状態が身体に反映し（スト

資料1-6-2　ストレスの発生機序（ＰＧＳ〔2002〕を改変）

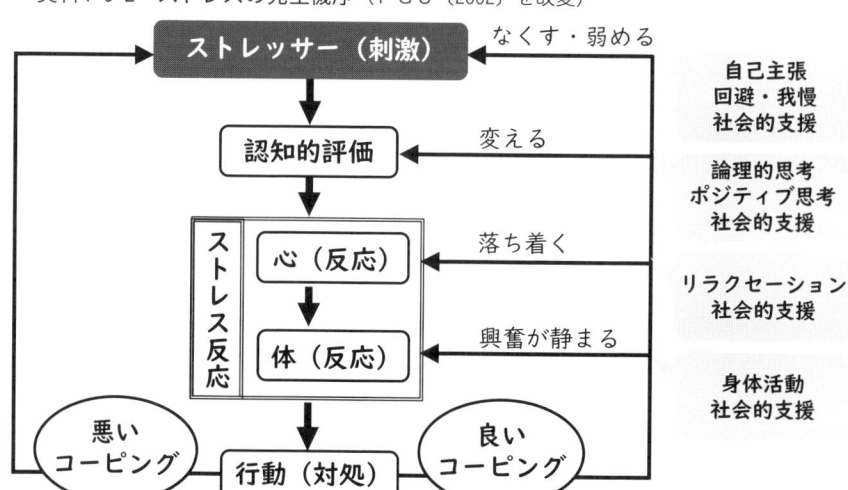

レス反応)、さらに行動へと結びつきます。こうしたプロセスの各段階において対処方法（コーピング）があります。

(2) 第2ステージ：自分のストレスに気づく

ストレスと付き合い上手になるための具体的な取り組みの検討には、ストレスの各段階における自己理解が必要不可欠です。自身について、ストレッサーになりやすい出来事やその傾向、認知的評価の傾向、出現しやすい心や身体のストレス反応、コーピングの偏り傾向等に関する気づきが重要です。

こうした気づきが深まると、ストレス到来の予測によるストレッサーの制御、認知的評価の修正、ストレス反応の早期解消、コーピングの改善・工夫等に活かすことができます。

(3) 第3ステージ：ストレス対処法を習得する

1) ストレッサーへの対処：表現上手になろう！

周囲から頼まれたり誘われたりした際に「ノー」と言えず、ついつい請け負ったり約束したりして、ストレスを溜めてしまう子がいます。相手の気持ちや相手との関係を大切にして、自分の気持ちを抑え込んでしまう子です。

また、自分の思いを強く主張して、相手を不快にさせたり、トラブルに発展したりしてストレスを溜めてしまう子もいます。相手に十分な気配りができず、自己本位な言動をとってしまう子です。

こうした子どもは、ストレッサーへの対処法として、自身がストレスを溜めない、相手の気分を害さず相手との関係も悪化させない「さわやかな自己表現」（アサーション）を身につけることが重要となります。

2) 認知的評価への対処：受け止め上手になろう！

同じストレッサーを経験しても、平気でいる子、深く傷つく子、闘志が湧く子もいます。これはストレッサーの受け止め方や感じ方によって、ストレス反応に大きく違いが出るからであり、こうした認知的評価を変える方略は重要なストレスマネジメント技法です。自らストレスを背負い込む傾向のある子は、認知の歪み（非合理的な考え）を修正することが重要となります。

3) ストレス反応への対処：リラックス上手になろう！

リラックスする技法（リラクセーション）は、ストレス対処法の中核とも言えるものです。すべてのストレスマネジメント教育プログラムに盛り込まれていると言ってもよいものであり、身体をリラックスさせることにより、心の安静を得る技法です。具体的には、呼吸法、漸進的筋弛緩法、自律訓練法、動作法、イメージ法などさまざまなものがあります（藤原、2006）。現在のストレス社会においては、すべての子どもにとって必要不可欠である基礎的・基本的な技法です。

4) 日常生活での対処：生活上手になろう！

　ライフスタイル（生活様式）は、ストレスに大きな影響を与えます。例えば、朝食を毎日食べる子どもや、6〜8時間の睡眠時間を確保している子どもは、そうでない子どもに比べてストレス反応が低いです。このように、朝食は毎日摂ること、睡眠時間は6〜8時間を確保することが重要です。こうした基本的生活習慣の確立に向けた指導・援助も、ストレスマネジメント教育の重要な内容です。

（4）第4ステージ：ストレス対処法を活用する

　授業で学んだ知識や技法を日常生活の中で活用し、実際にストレスに対処していく段階です。

4．ストレスマネジメント教育の今後の展望

　これまでは、伝統的なリラクセーションベースや認知行動療法ベースのプログラムが中心に展開されていました。現在は、2011年の東日本大震災における被災地支援の中で、災害時とその後をたくましく乗り越えていく力の育成が求められたことを背景に、次のようなさまざまな心理教育も展開されています。

（1）レジリエンス教育

　レジリエンスは、虐待や貧困などの厳しい養育環境にあっても精神疾患や問題行動を起こさず、正常あるいはきわめて良好な発達を示す子どもたちの存在から生まれた概念であり、一般的に「困難な状況でも適応する過程または能力」と定義されています。レジリエンスの高い子どもの特徴として、肯定的な自己感、主体性、他者との温かな情緒交流を伴った関係性、楽観性が相互作用的に働いていることなどが明らかになっています。欧米では幼少期からレジリエンス教育が展開され、効果をあげています。

（2）心の減災教育

　災害を完全に予防することは不可能であるため、いかに被害を最小限にとどめるのかが現実的対応として重要です。窪田ら（2016）は、従来の防災教育における心の問題の欠如を指摘し、心の減災（心理的被害を減らす）という視点を大切にした「心の減災教育」を提唱しています。被災後の「心理的反応」「身体的反応」「行動面の反応」「記憶や思考の反応」に対する理解と対処法を事前に学習しておけば、実際に経験した際にも必要以上の動揺や混乱を避けることができ、心の減災が可能となるとしています。

(3) ＰＴＧ教育

　ＰＴＳＤ（Post Traumatic Stress Disorder：心的外傷後ストレス障害）に対し、災害をはじめとする困難な状況に遭遇しても、それを乗り越えて発達する子どもの健康的な側面であるＰＴＧ（Post Traumatic Growth：心的外傷後成長）という概念があります（宅、2016）。この視点は災害後の復興教育を考える際にとても重要です。実際、自然災害被災者のＰＴＳＤの発症率は１割以下であり、子どもはさらに低いと推定されています。ＰＴＳＤを発症しない大多数の子どもたちには、ＰＴＧを促進させるような心理教育的支援が求められているのです。

(4) 学校ポジティブ教育

　学校ポジティブ教育とは、個々の問題への対処療法ではなく、子どもの自尊心・自己効力感の増進と、ポジティブ感情の醸成・強化をねらった包括的教育です（竹中、2017）。心のメタボリックシンドローム、すなわち感情コントロールの未熟さ、自尊感情、自己効力感の低さなどの否定的要因の解消に向けて、一人一人の子どもたちの「強み」を活かしながら、肯定的要因に着目した教育を行うものです。

　今後、こうした新たな展開と従来の取り組みが包括的ストレスマネジメント教育として整理統合され、学校メンタルヘルスの充実発展に寄与し、学校教育相談の健康領域における活動の定着化につながることが期待されています。

〈参考文献〉
藤原忠雄（2006）『学校で使える５つのリラクセーション技法』ほんの森出版、1-80頁
藤原忠雄（2018）「学校におけるストレスマネジメント教育」『小児看護』41（7）、842-848頁
藤原忠雄（2023）「大野理論を踏まえた学校教育相談学の提案と課題整理」『立命館経済学』71（6）、205-229頁
近藤卓（2017）「学校メンタルヘルスとは何か」日本学校メンタルヘルス学会編『学校メンタルヘルスハンドブック』大修館書店、8-29頁
窪田由紀・松本真理子・森田美弥子・名古屋大学こころの減災研究会編著（2016）『災害に備える心理教育―今日からはじめる心の減災』ミネルヴァ書房、55-71頁
文部科学省（2009）「教職員のための子どもの健康観察の方法と問題への対応―メンタルヘルスを中心として」20頁
日本学校保健会（2007）「子どものメンタルヘルスの理解とその対応―心の健康つくりの推進に向けた組織体制づくりと連携」まえがき
大野精一（2013）「学校心理士としてのアイデンティティを求めて―教育相談コーディネーターという視点から」『日本学校心理士会年報』5（39）、39-46頁
ストレスマネジメント教育実践研究会（ＰＧＳ）編（2002）『ストレスマネジメント・テキスト』東山書房、10-30頁
竹中晃二（2017）「学校ポジティブ教育」早稲田大学応用健康科学研究室、2-8頁
宅香菜子編著（2016）『ＰＴＧの可能性と課題』金子書房、1-232頁
World Health Organization（2005）"What is mental health?" *Promoting Mental Health: Concepts, Emerging Evidence, Practice.* p.2.
山中寛・冨永良喜編著（2000）『動作とイメージによるストレスマネジメント教育〈基礎編〉―子どもの生きる力と教師の自信回復のために』北大路書房、1-13頁

[教育相談体制と多職種連携]

⑦ 課題への早期対応のための チームづくり

小玉有子

平成27年12月に中央教育審議会により「チームとしての学校の在り方と今後の改善方策について」が答申され、その中で、児童生徒の抱える複雑化・多様化した問題や課題を解決するための体制整備の必要性が挙げられました。また、改訂された『生徒指導提要』でも、深刻化、多様化、低年齢化する生徒指導の諸課題を解決するためにも、チームによる組織的な早期対応が重要とされ、発達支持的生徒指導や課題未然防止教育においても、チームを編成して学校全体での取り組みを進めることが求められています。

学校現場では、「チーム支援」「組織対応」というキーワードが浸透してきているように感じますが、支援チームはあってもうまく機能していない学校や、チームづくりが進んでいない学校もあります。そこで、ここではチームづくりを進めるための土台づくりから、チームづくり、地域資源等について説明していきます。

1．チームが機能するための職場風土づくり

校務運営図や生徒指導部の年間計画に、支援チームがしっかり位置づけられているのに、ほとんど活用されていないということはありませんか。あるいは、困難事例が発生したときだけチームが招集されるけれど、支援方針・計画がうまくまとめられないということもあるでしょう。チームが機能するためには、職場の雰囲気が大事だと考えます。いくつかのポイントを確認していきましょう。

(1) 教職員の同僚性・相互扶助的な人間関係

校種や学校規模・管理職の考え方などで、学校の雰囲気は大きく違います。小規模校では、教職員全員で協働する場面が多いかもしれませんが、大規模校では、「まずは学年で」となることも多いです。また、職員室や会議でクラスの課題を話題にすると「担任がしっかりしてください」という雰囲気になるので、何も言えないという学校もあります。しかし、それでは学年や分掌の垣根を越えたチームが機能することは難しいと思います。

組織的で効果的な生徒指導・教育相談を行うためには、まずは教職員が気軽に

話ができる職場の雰囲気が必要です。職員室で、日々の実践で迷ったときや困ったときに、お互い気軽に相談できる雰囲気がありますか。管理職やミドルリーダー（学年主任や生徒指導主事、教育相談コーディネーター、特別支援コーディネーターなど）にも気軽に話せますか。学年主任を飛び越えて、勝手に話を進めたと怒られたりしないでしょうか。改善策や打開策を一緒に考えるとまではいかなくても、愚痴を聴いてもらえたり、励ましてもらえたり、ちょっとヒントがもらえたり、そんなささやかな受容的・支持的・相互扶助的人間関係が、「困ったら話せばいいんだ」という文化を生みます。管理職やミドルリーダーは、これらを特定の個人へのサービスとしてではなく、組織的に相互扶助的人間関係が構築できるように、サポートしていく必要があります。

(2) ミドルリーダーが機能できる組織づくり

　よいチームをつくるためには、教職員一人一人の資質向上はもちろんですが、それをまとめる有能なミドルリーダーの存在は必須です。ミドルリーダーには、情報の収集や伝達を円滑に進めるための校内外のネットワークづくりや、チーム会議を円滑に進めるためのファシリテーターの役割、連携した行動の核となるコーディネーターの役割などが求められます。ミドルリーダーがチーム支援の要だと言っても過言ではありません。

　では、誰がその任を担うのがよいのでしょう。教育相談・生徒指導・チーム支援に意欲関心があり十分理解していることが必要ですが、同僚性が高く、相互扶助的な人間関係を構築できるような人間性とコミュニケーション能力を有していること、フットワークが軽いことも重要です。副校長・教頭ということも考えられますが、管理職がバックアップしながら、若手教員を育てることも必要です。教育相談コーディネーターや生徒指導主事、特別支援教育コーディネーター、養護教諭などが、学校規模、学校種、地域の実情などに応じてミドルリーダーとしての任を担ったり、複数体制で「コーディネーターチーム」として連携の核になるという方法も考えられます。

　ミドルリーダーがリーダーとして機能できるようになるためには、研修と経験が必要です。さらに一定の権限を与え、自分の判断でチームを招集したり、地域資源と連携したりできるようにします。管理職への報告・連絡・相談はもちろんですが、管理職からのポジティブな評価や助言を通して、リーダーとしての自信と判断力を身につけていってほしいと思います。

(3) 課題・問題を共有する習慣

　些細なことでも、学年会議や校務分掌の会議、職員会議、ケース会議等に報告し、常に課題・問題を学年全体、学校全体として共有する雰囲気をつくっていくことが大切です。情報が提供された際は、管理職やミドルリーダーは、教職員全

体に向けてポジティブな評価を伝えましょう。

(4) マネジメントサイクル（PDCAサイクル）を意識した取り組み

　常に自分たちの考えや行動を自己点検する習慣も大切です。1人で内省的に振り返りを行うことには限界があります。教職員間でマネジメントサイクル（PDCAサイクル）を意識した継続的な振り返りを行うことで、自身の認知や行動の特性を自覚することもできますし、幅広い他者との協働が可能になります。

(5) 教職員のメンタルヘルスへの対策

　自分の不安や困り感を同僚に開示できない、素直に助けてほしいと言えない、自己の実践に自信がもてないという教職員は一定数いて、強い不安感、焦燥感、閉塞感、孤立感を抱いています。また、担任が、自分のクラスのことは自分が何とかしなければと思い詰めた結果、担任自身がメンタルの不調をきたしてしまう例も少なくありません。チームが機能するための職場風土づくりには、教職員のメンタルヘルスへの対策は欠かせません。管理職は、教職員個々の特性を把握するとともに、労働環境を整備し、ミドルリーダーは、自分から支援要請できない教員には、積極的にアプローチしていきたいものです。

2. 学校課題の明確化と学校の実態に即したチームづくり

　児童生徒個々のアセスメントはもちろん、学級・学年・学校全体のアセスメントも必要です。発達障害特性をもつ児童生徒が多い、学習に課題を抱える児童生徒の割合が高い、経済的に厳しい世帯が多いなど、学校には、地域の特徴を反映したさまざまな課題があると思われます。また、現状で大きな課題がなくても、児童生徒の実態から将来生じる可能性がある課題・問題や、より高い目標を目指した場合に考えられる課題の予測も大切です。学校や地域の課題、校種によっても、連携が必要になる社会資源も変わってきますから、常日頃から学校課題を明確にし、今後どんなチームが必要になるのか予測しながら準備を進めるとよいでしょう。

　『生徒指導提要』（改訂版）では、深刻化、多様化、低年齢化する生徒指導の諸課題解決のためには、以下の3つのチームによる組織的対応が必要としています（資料1-7-1）。

資料1-7-1　支援チームの形態

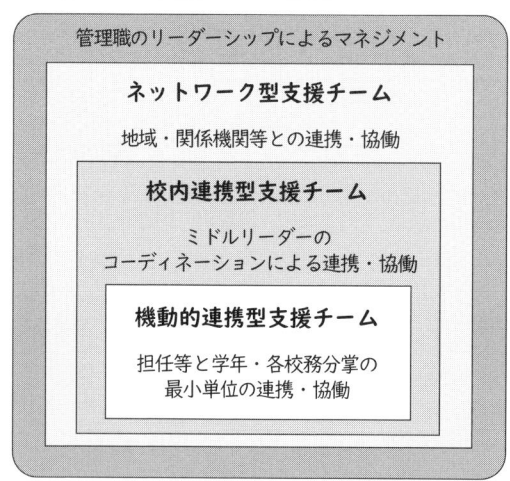

管理職のリーダーシップによるマネジメント

ネットワーク型支援チーム
地域・関係機関等との連携・協働

校内連携型支援チーム
ミドルリーダーの
コーディネーションによる連携・協働

機動的連携型支援チーム
担任等と学年・各校務分掌の
最小単位の連携・協働

『生徒指導提要』92頁

①**機動的連携型支援チーム**：学級・ホームルーム担任が１人で問題を抱え込まずに、生徒指導主事等と協力して機動的に対応する。

②**校内連携型支援チーム**：対応が難しい場合は、生徒指導主事や教育相談コーディネーター、特別支援教育コーディネーター、学年主任、養護教諭、スクールカウンセラー（ＳＣ）、スクールソーシャルワーカー（ＳＳＷ）、管理職等、校内の教職員が連携・協働して対応する。

③**ネットワーク型支援チーム**：さらに深刻な課題は、校外の関係機関等との連携・協働に基づいたチームで地域の社会資源を活用して組織的に対応する。

(1) 校内チーム

　上述の①と②が校内チームです。まず、学校の実態に即した動きやすいチームをつくりましょう。校内にはすでに生徒指導部会、問題対策委員会、個別支援委員会、チーム会議、ケース会議等、さまざまな名称の組織があると思いますが、それぞれがどの機能を担うチームなのかを確認しましょう。校内チームは、機動的連携型支援チームに該当するチームと、校内連携型支援チームに該当するチームの２つの機能があれば十分です。この２つのチームで早期対応に臨みます。

　機動的連携型支援チームは、少人数でフットワークがよいことが大切です。担任とミドルリーダー（あるいはコーディネーターチーム）で構成します。ミドルリーダー（コーディネーターチーム）には、生徒指導主事、教育相談コーディネーター、特別支援教育コーディネーター、養護教諭などがあてられていることが多いですが、学校の実態によって人選します。

　校内連携型支援チームは、児童生徒理解や支援方針についての共通理解を図ったり、支援の役割分担をしたりするチームです。このチームは機動的連携型支援チームのメンバーに加え、ＳＣ、ＳＳＷ、学年主任や各分掌の主任等を含む比較的多様なメンバーで構成されます。前述したさまざまな名称の組織は、おそらくこれに相当すると思われます。校内連携型支援チームには、一定の裁量を認めることで、その機動性がより高まると考えられます。

　その他にも、アセスメントチームや、発達支持的生徒指導や課題未然防止教育のための教育プログラムを検討するチームがあってもよいと思います。この際、ＳＣやＳＳＷにも参加してもらい、必要な活動を共に考え、年間計画を立てることも重要です。

(2) 学校外の専門機関等と連携したチーム

　上述の③ネットワーク型支援チームは、学校外の専門機関等と連携したチームになります。地域には、児童生徒の支援を目的として活動をしている団体がたく

さんあります。その団体や活動について理解を深めることで、校外のネットワークを活かしたチーム支援を進めることが可能になります。また、専門機関ではありませんが、児童生徒の課題解決のために力を貸してくれる個人もいます。地域にどんな資源があるのか、問題が起きる前にしっかり把握し、可能ならば、お互いを理解できる機会をつくり、ネットワークを構築しておきましょう。

　緊急性の高い事態が発生し、校内だけでは対応が難しい場合には、管理職と相談しながら、すでに構築しておいたネットワークを活用しましょう。緊急事態が

資料1-7-2　チーム支援の流れとミドルリーダーの役割（例）

ミドルリーダー　・教育相談コーディネーター
- ・○○○○○
- ・○○○○○

　　　　※人柄・知識・スキル等を考えて各校で人選する。

・ミドルリーダーは、迅速に解決できるように、協力補完しあいながら行動する。
・管理職への報告・連絡・相談を迅速に行う。
・チーム会議は全員揃わなくても、主要メンバーが揃ったら開催する。

> ➤ 連続して３日欠席
> ➤ １か月以内に７日を超える欠席または頻回の遅刻早退（不登校傾向）
> ➤ いじめの訴え・情報提供、またはいじめが疑われる場合
> ➤ 学習不適応や学校不適応が疑われる場合
> ➤ 自殺願望をほのめかすような言動があった場合
> ➤ ＳＮＳ等に問題だと思われる投稿を発見した場合
> ➤ ○○○○○○○○○○○○○○○○○○○
>
> 　※校種・学校規模・学校課題から予想される例題をいくつか載せる。

機動的連携型支援チーム
担任等とミドルリーダー（学年・各校務分掌）の最小単位の連携・協働
発見者からの連絡でミドルリーダーが関係者を招集する。

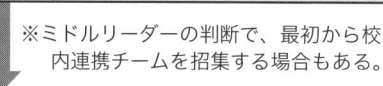

※ミドルリーダーの判断で、最初から校
内連携チームを招集する場合もある。

校内連携型支援チーム
ミドルリーダーのコーディネーションによる連携・協働
ミドルリーダーは、管理職に報告相談の後、チームを招集する。機動的連携型支援チームでの検討内容を報告し、より多角的に支援内容を検討する。

ネットワーク型支援チーム
地域・関係機関等との連携・協働
校内連携型支援チームだけでは支援対応が難しいと判断した場合は、積極的に地域の資源を巻き込んだチーム支援に切り替える。学校側の連絡調整窓口は○○○○○が担当する。チーム会議のコーディネーターは、ミドルリーダーが担当する。

発生してから外部機関との連携を模索していると、対応が遅れてしまうことがあります。早期対応のためには、何もないときの準備が大切です。連携の際には、情報の齟齬によって対応にずれが生じないように、外部との連絡なども含め教育相談コーディネーター等が情報を一元的に管理することが必要になります。

3．情報共有と守秘義務

　チーム支援では、情報の共有が重要です。学校文化の中では情報共有・共通理解が当たり前ですが、ＳＣやＳＳＷ、医療従事者や警察官などは、それぞれの職能団体が定めた倫理綱領や法によって守秘義務を負っています。そのことを相互に理解し、尊重することが必要です。

　しかし、児童生徒の生命にかかわる重要案件や、通告の義務が生じるような案件においては、チームメンバーの守秘義務を理由に支援が妨げられないよう、情報共有できるように環境整備しておく必要があります。特に、ネットワーク型支援チームがうまく機能するためには、チーム内での情報に関する守秘義務の徹底が、良好な連携・協働を進めるための大前提となります。

4．地域資源の確認と発掘

　課題への早期対応のためのチームづくりには、地域にどんな専門機関・資源があるかを確認しておくことも大切です。フォーマルな資源としては、行政、公的サービス、民間組織、多様な社会保障制度などがありますが、インフォーマルな資源として、自治会、民生委員、児童委員などのほか、親戚、知人、友人、近隣住民なども考えられます。分野別の地域資源の一部をご紹介します。

- **教育関係**：教育委員会、教育センター、適応指導教室など
- **児童福祉関係**：市町村児童福祉・母子保健等担当部局、児童相談所、福祉事務所（家庭児童相談室）、地域子育て支援センター、児童家庭支援センター、民生・児童委員協議会、社会福祉協議会など
- **保健医療関係**：保健所、医療機関、精神保健福祉士、カウンセラーなど
- **警察・司法関係**：警察署（生活安全課）、弁護士会、弁護士など
- **人権擁護関係**：法務局、人権擁護委員など
- **就労関係**：障害者就業・生活支援センター、ハローワークなど

＊

　資料1-7-2に「チーム支援の流れとミドルリーダーの役割」の例を紹介しました。各校の実情に合わせて、空欄にご記入いただき、ご活用ください。

［教育相談体制と多職種連携］

8 ケース会議、アセスメントとプランニング

西山久子

　児童生徒の支援は、教育相談の重要な課題です。学級担任の日常的支援の範疇を超え、深刻な課題にはチームで取り組むことが不可欠です。課題の深刻さや内容に基づき、適切に実態を把握（アセスメント）し、支援計画を立てる（プランニング）ための会議（ケース会議）を推進する校内体制づくりが必要です。

　ここでは、教育相談をリードする教職員が中心となり、対応の困難なケースをどう解決に向け支援するかを検討します。

1．個別支援のプラットフォームづくり

　教育相談がかかわる個別のケースでは、困難を抱えた子どもやその保護者からの相談、あるいは課題に気づいた学級担任などの教師からのアプローチにより、支援が始まります。なかには、ケース会議として協働すべき内容もあります。学校教育相談や学校心理学等においては、課題の深度（深刻さ）と領域に基づく整理手法が示されてきました（大野、1997：石隈、1999）。少し詳しく見てみましょう。

(1) 援助ニーズの濃淡をとらえる深刻さのアセスメント

　まず、子どもの抱える課題に対する援助ニーズがどの程度のものかをアセスメントします。課題の深度は、援助ニーズが大きい**3次的支援**、困難の兆しが見える**2次的支援**、すべての子どもを含む**1次的支援**に整理されます。『生徒指導提要』（文部科学省、2022）では、生徒指導を**時間軸で2軸、課題性の高低で3類、子どもの対象範囲で4層**に分類していますが（本書の理論編①等参照）、これも同様の考え方です。教育相談や生徒指導にかかわる方は、こうした概念をすでにご存知でしょう。一方で、こうした整理手法が教員組織全体で共有されている学校は、少ないようです。学年会・校内委員会・ケース会議などの機会に、共通の整理手法が運用されていれば、協議はより効率的かつ円滑になるように思います。

(2) 支援の手がかりとなる強みと困難さのある課題を整理する、領域ごとのアセスメント

　深度に加えて、援助すべき側面を絞り込むため、領域に基づく整理（アセスメ

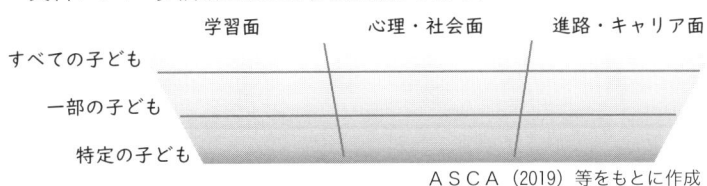

資料1-8-1　多領域にわたる多層支援システム

学習面　　心理・社会面　　進路・キャリア面

すべての子ども

一部の子ども

特定の子ども

ＡＳＣＡ（2019）等をもとに作成

ント）をする必要があります。主な領域は、学習計画等を含む「学習面」、社会性と情動の学習を含む「心理・社会面」、生き方を考える「進路・キャリア面」です。これら以外の領域があっても構いません。重要なのは、分析的に子どもの状況を見ることと、問題点だけに着目せず、強みも見ることです。実際に困難な状況にあるのはどこなのか、何がその子どもの状況の背景にあるのかをとらえます。逸脱行為が顕著に見えていても、子ども個人や時と場面で背景は異なる可能性が高いからです。多領域・多層的な子ども理解（資料1-8-1）では、例えば学習面に深刻な課題を抱えていても、多くの友人と遊び（心理・社会面）、好きなことが多い（進路・キャリア面）子どもは、適応状況は深刻に見えないかもしれません。表面的な様相だけでなく分析的にとらえて早期に支援を行うことが、不登校など不適応を予防することになります。

２. 適切な会議の設定

　子どもの支援を体系的に推進するには、過不足ない会議の設定が必要です。困難を抱えている、主に２次的支援・３次的支援の必要な子どもを、すべての児童生徒から的確なタイミングで見出し、支援のための適切な会議を設定します。チーム援助（石隈・田村、2003）などにおいては会議進行の手順が示されていますが、ニーズのある子どもの数や支援の進捗を総体的にとらえる定例コア会議と、ニーズに応じて臨機応変に行われるケース会議とが必要になります（資料1-8-2）。そして、このような会議をどのケースでもつかを、優先順位をつけて見極めることも必要です。これらの会議の役割を整理しながら、具体的に見ていきましょう。

資料1-8-2　援助ニーズの集約（学年会⇒定例コア会議）と
分散（定例コア会議⇒ケース会議）

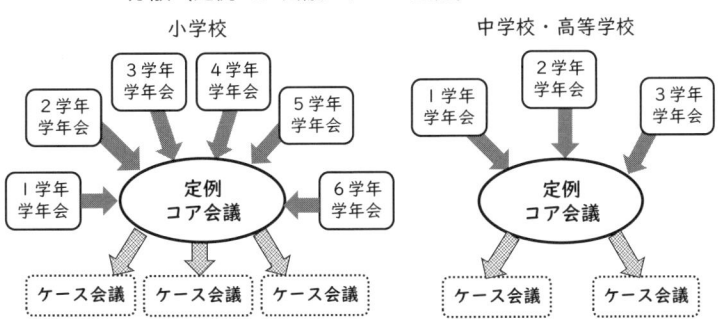

小学校　　　　　　　　　　　　中学校・高等学校

(1) 定例コア会議：各学年代表者と主要な指導・援助のリーダーによる協議

　各学年で定期的に行われる学年会などで、気になる子どもの様子が話題に出たら、それを学年主任などが持ち寄り、管理職、生徒指導・教育相談・特別支援教育などの専門性をもつミドルリーダー教員で協議します（援助ニーズの集約）。これが定例コア会議となります。

　ここでも前述の分析的な整理が役立ちます。多くの3次的支援の対象の子どもには、その時点ですでに何らかの対応がなされているでしょう。定例コア会議では、その支援の手立ては現状に合っているかなど進捗具合をはかり、ケース会議で検討する必要があるか、子どものニーズに基づいて優先順位を決めます。例えば適応状況がよくなり、少し後押しをすると別室登校やオンライン学習など、次の段階に進む場合もあります。個に応じた進捗を尊重し、まったく学習に向かえなかった子どもが、「届いたプリントを眺めてみてもいいかな？」と思うことも、確かなステップアップと考えます。逆に、支援計画の負荷が高すぎるなら、専門的見地から負荷を下げる提案をします。細かな検討は個別のケース会議や学年会での協議に譲り、定例コア会議では支援の優先順位の検討を中心とします。

　さらに、定例コア会議では、2次的支援の対象となる子どもたちがどの程度いるのかも把握しておきます。2次的支援は学年等を中心に支援する段階ですが、人数が大きく増えた場合、専門職が集中的に支援するなどの判断もできます。

(2) ケース会議：臨時に開催される会議

　気になる子どものニーズを分析し、子どもと日常的に関係づくりをして、適応状況をモニターし、不適応が顕著な場合、ケース会議の開催を決めます（援助ニーズの整理）。ケース会議の開催は定例コア会議で判断する場合もありますが、対応の方針決定を早急に行う必要がある緊急性の高いニーズに関しては即時的判断が必要になります。実際には緊急開催が必要になることが多いので、あらかじめケース会議開催の判断経路を決めておくことが、組織的な対応につながります。

　ケース会議の構成メンバーは、事例によって異なります。児童生徒支援を担当する教員や管理職などの定例コア会議の構成員が、それぞれの事例において適切なメンバーを決定します。ケース会議の構成員が決まったら日程調整をしますが、学校関係者も専門職も多忙のため、調整が難しい場合もあります。その際には、オンライン会議ツールを活用したり、事前に情報を得ておき、紙上での参加などにより意見を反映すれば、検討が深まります。寄せられた意見や示唆は、書式を定めて記録に残しておくとよいと思います。

　実際のケース会議では、まず進行役が資料1-8-3のようなアジェンダ（議事の流れの予定表）により、①**全体のルールやテーマを確認**します。その会議にかけられる時間をまず確認し、それを各作業に割り付け、「△△で苦戦している○年生の○○さんの件」で「当面の対応方針の検討と年度末までの支援策の検討をする」

などと、具体的なゴール像を示します。次に、②会議の構成員が各自把握している情報や、2回目以降なら支援の進捗を報告します。その内容を互いに聴き合い、このケースの中核的な課題や対応の優先順位を見立てま

資料1-8-3 ケース会議のアジェンダと時間配分例

①全体のルールやテーマの確認 【5分】
②各自の情報・進捗状況の共有 【15分】
　＊情報をもとに見立て、解釈（仮説）案を構想
③支援策提案と支援方針の協議 【20分】
　＊役割分担を具体的な行動と時期まで決定
④役割分担、その後の協議日程の確認 【5分】

香田・西山（2010）をもとに作成

す。そして、③支援策を各構成員がなるべく多く出し合い、適切な支援方針を具体的に絞り込みます。それらを経て、④協議した支援内容の役割分担を再確認し、ケースの緊急度をふまえた次の協議日程を組みます。最後に、参加者間で感謝して会を閉じます。

3．ケースマネジメントの視点をチーム支援に活かす

　定例コア会議で大きな方針が決まり、ケース会議で話し合われたら、具体的な支援に進みます。『生徒指導提要』（文部科学省、2022）では、チーム支援のプロセスとして、①チーム支援の判断とアセスメントの実施、②課題の明確化と目標の共有、③チーム支援計画の作成、④支援チームによる実践、⑤点検・評価に基づくチーム支援の終結・継続を示しています（提要：28頁）。これは、アセスメント➡プランニング➡支援の提供➡モニタリング➡評価とする精神保健におけるケースマネジメントの円環（藤井、2020）とも多くの部分で共通しています（資料1-8-4）。

(1) アセスメント：実態把握とチーム支援の判断

　アセスメントは実態把握とも言われ、支援計画に必要な情報を集めることを示します。困難を抱える子どものアセスメントに必要な情報は、ＷＩＳＣ-Ｖなどフォーマルな検査を行うことに目が向けられがちですが、遅刻・早退、出席などの情報、学業成績、いじめ等に関する定期的な調査や、キャリア教育や学校適応に関する包括的なアンケート調査の結果も対象となります。それらの経時的変化は、重要な情報です。一定の情報からチーム支援を行うことが決定したら、学校の記

資料1-8-4 精神保健におけるケースマネジメントの円環

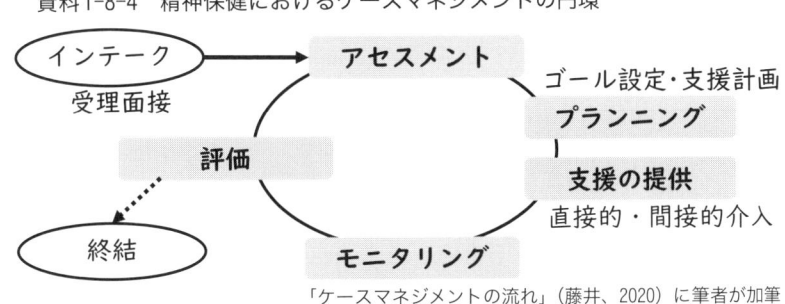

「ケースマネジメントの流れ」（藤井、2020）に筆者が加筆

録からなる情報、検査などの情報、スクールカウンセラー（ＳＣ）やスクールソーシャルワーカー（ＳＳＷ）などの専門職が得た情報と各自の印象を統合し、当該ケースの背景事情をふまえて、問題や困難に至った経緯をチームで見立てます。

(2) プランニング：課題の明確化とゴールの共有

　アセスメントで得られた、支援の方針検討に役立つ情報を用いて、実際に対処すべき問題には何があるかを整理します。プランニングには、ゴール設定、スケジュール管理、時間管理、優先順位設定、役割分担などが含まれます。中核的な問題を外さずに、介入に適切な順序をチームで協議することが必要になります。

(3) 支援の提供（介入）：カウンセリング、コンサルテーション、コーディネーションによる直接的・間接的支援

　実際の支援を行う段階では、関係者がそれぞれ役割を分担し支援します。例えば、学級担任は子どもに対して直接的な支援を行い、教育相談コーディネーターからは当該の子どもへの対応方法のコンサルテーションを受けるかもしれません。ＳＣは、その保護者にカウンセリングを行うかもしれません。教育相談コーディネーターは、この支援全体を俯瞰するコーディネーションを行うかもしれません。こうした直接・間接の支援を組み立て、子どもの変容をはかります。

(4) モニタリング：進捗状況の確認や必要な軌道修正

　支援対象の子どもの学校適応が、どう変化しているかを適切な間隔でモニターし、確認していく必要があります。支援の後に、好転しているか、それとも悪化しているかをとらえます。大きく変化する時期もあれば、状態が変わらない時期もあります。状況に沿った適切な頻度で進捗を検討する「定点観測」が重要です。
　不適応状態の回復には、変容が顕著な場合と、内面の回復には変化がありながら、学校適応という視点では変化が見られない場合もあります。回復に先がけ「エネルギーを蓄える」時期もあります。ＳＳＷなどからの家庭環境に関する情報や保護者からの情報など多様な情報を統合し、「今、どんな時期か」をモニタリングして支援の効果を判断し、必要に応じて調整する必要があります。

(5) 評価：チーム支援の終結・継続の判断

　支援の評価としては、課題と定めたことがどう変容したか、当該の子どもや保護者の状況がどう変化したかを検討します。例えば、ゲーム依存から朝起きられず大幅な遅刻や欠席を繰り返していたケースなら、出席情報は端的な評価資料となります。しかし、多面的に学校適応をとらえるためには、授業への参加という社会性のある行動が増えたことに加え、授業内容の理解という学習面の状況が好転しているか、学習へのモチベーションや、クラスでの自分の役割を果たそうと

したり進路意識が高まったりしているかも検討する必要があります。そうでなければ、周囲の集中的な関心や支援がなくなった後、改善された生活を維持できる可能性は低いからです。よって、評価は、遅刻早退を含む出席状況・学習評価など指導要録の内容だけでなく、かかわる教職員の観察、アンケートなどの自己評価、およびＳＣ等の専門職の視点からの評価資料も活用したいものです。

　ケースマネジメントをこのように円環的に進めると、支援の必要がなくなる段階に至ります。困難な状況からの回復、卒業、転校、退学など、状況はさまざまです。回復により支援が終結することが理想ですが、例えば不登校の子どもの場合、教室復帰を目標に掲げると過剰適応により心身の回復が後退してしまうこともあります。そうした折、教育の専門家だけでなく、多職種の専門性に基づく判断を得て方針を決定する必要があります。

＊

　ケース会議を推進するための力量の向上について、アセスメントとプランニングについて整理しました。多職種協働によるチーム学校（資料1-8-5）を推進するのは、児童生徒支援の中心となる校内のスタッフです。教育相談コーディネーターなどは、教育の専門家が集まる学校で教員の中から任命され、管理職や多様な専門職の考えを理解し、児童生徒支援における調整役を果たす存在です。チーム支援の開始から手続きを進め、関係スタッフをつなぐ教育相談コーディネーターなどの調整や推進の力量には、大きな期待が寄せられています。

図1-8-5　多職種協働におけるチーム学校

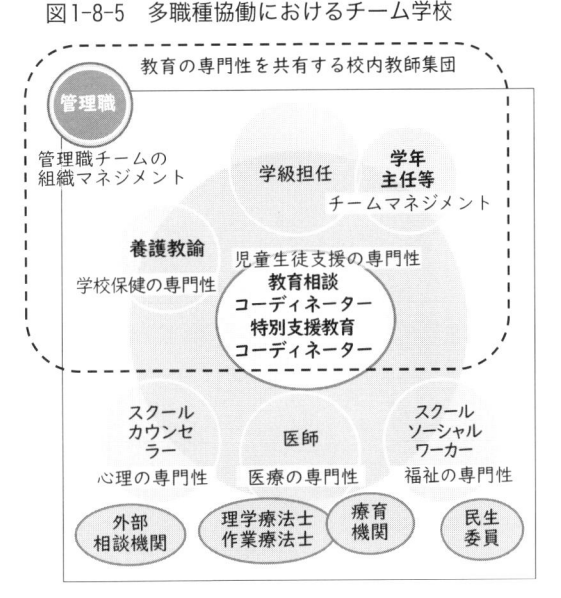

〈参考文献〉

American School Counselor Association（2019）. ASCA School Counselor Professional Standards & Competencies. Alexandria, VA: Author.

藤井千代（2020）「ケースマネジメントとその実際」こころの健康教室サニタ「心の健康発達・成長支援マニュアル」日本医療研究開発機構（ＡＭＥＤ）障害者対策総合委託事業「児童・思春期における心の健康発達・成長支援に関する研究」班

石隈利紀（1999）『学校心理学―教師・スクールカウンセラー・保護者のチームによる心理教育的援助サービス』誠信書房

石隈利紀・田村節子（2003）『石隈・田村式援助シートによるチーム援助入門―学校心理学・実践編』図書文化社

香田陽子・西山久子（2010）「小学校におけるチーム援助についての実践研究―チーム会議の運用と援助ツールの活用を通して」『教育実践研究』18、167-174頁

文部科学省（2022）『生徒指導提要』（改訂版）

大野精一（1997）『学校教育相談―具体化の試み』ほんの森出版

9 家族支援と
教育・福祉の連携

金子恵美子

1. 家族支援と学校

(1) 家族支援の必要性

　家庭は子どもの生活の基盤となる場であり、家族のかかわりや家庭の状況が子どもに及ぼす影響は大きいと言えます。児童の権利に関する条約18条、児童福祉法2条、教育基本法10条では、保護者が子どもの養育や教育に第一義的責任を有することが定められていますが、同時に国や地方公共団体が保護者や家庭に必要な援助を行わなければならないことも定められています。つまり、子どもを取り巻く家族や家庭の状況に応じて、社会が家族や家庭への支援を考えていくことが必要とされているのです。

　子育てにおける困難さが増していることは、児童相談所が対応した児童虐待相談件数が年々増加し続けていることからもうかがえます。2022年度には、21万9170件（速報値）と過去最多となりました。その背景には、家族のあり方が多様化してきていることもあると考えられます。産業化や都市化といった社会状況の変化により核家族化が進んでいます。以前は親族や地域とのつながりの中で得られていた支援が得られにくくなり、そのため、それぞれの家庭が必要な支援を求めていかざるを得なくなっています。

　小林（2013）は、家族のライフイベントを「うまく乗り越えていくためには、少なくとも、課題の認知（気づき）、動機づけ、手段（資源）の活用のプロセスが必要」であると述べています。家庭が、抱えている課題に気づき、支援にたどりつく必要がありますが、家庭によっては課題を抱えていることに気づかなかったり、状況を変える意欲をもてなかったりする場合もあります。そうした状況の中で、子どもや家庭に近く、その異変に気づくことができる存在として、学校に期待される役割は増しています。

　しかし、家庭が抱える課題の背景には複数の要因が複雑に絡み合っていることも多く、学校だけでは対応が難しいことも少なくありません。また、学校も多く

の児童生徒や課題を抱えており、個別の家庭の状況に対応するには限界もあります。そうした場合には、学校内のスクールソーシャルワーカー（ＳＳＷ）やスクールカウンセラー（ＳＣ）、学外の関係機関に子どもや家庭をつなぎ、そして学習支援、心理支援、生活支援、経済的支援等に確実に結びつけることが、学校だからこそできる重要な支援になります。

　"気づく"こと、確実に"つなげる"ことが、子どもや家庭を支援するためには大切です。そして、家庭を支援するには、福祉との連携を考えることが効果的な場合が多くあります。

(2) 家族支援を行う際の留意点

　学校が子どもや家庭の状況に"気づき"、必要な支援へと"つなげる"ためには、子どもや家庭の抱える課題について共感的に理解して信頼関係を築き、子どものために共に協力していく姿勢をもって対応していくことが大切になります。

　その上で、子どもや家庭が抱える課題を支援してくために必要な専門職や関係機関を考えて連携を進めていきます。連携をスムーズに進めるためには、どのような専門職や関係機関、援助があるかを、コーディネーター的役割を担う教員を中心に学校がある程度知っておくことが大切です。どのような専門職や関係機関が適当かの判断に迷う場合には、ＳＳＷやＳＣ、教育委員会等と協力して連携体制を考えていきます。連携体制がつくられると、ＳＳＷやＳＣ、関係機関等と協力して、子どもや家庭を取り巻く状況を理解するためにアセスメント（どのような課題があり、背景にどのような要因があるのかを考えるために情報を集め、整理して支援を考えること）が行われます。アセスメントをふまえて、すぐに取り組むべき支援、短期的に必要な支援、将来を見据えて長期的に必要な支援を整理し、具体的な支援計画が考えられます。

　林（2013）は、社会的養護における家族支援のあり方を示すキーワードとして、「はなれる（親子が一時的、継続的に個別に過ごす）」「ひらく（家族内の実情を家族外に開示し、支援の連携を図る）」「つながる（個々の家族員の家族以外の人や社会資源との新たな関係形成）」「くわわる（決定する過程に自らが参画する）」「とりもどす（この一連の過程で家族員が自らの潜在力を実感し、自尊心、自信、意欲などを回復する）」を挙げています。「はなれる」を除く４つは、すべての家族支援に共通するキーワードだと考えられます。

　家庭の状況を支援者の間で情報共有し、役割分担をして具体的な支援へと結びつけるわけですが、可能であればそこに当事者である子どもや家族に主体的に参画してもらうことも重要です。もちろん課題や家庭の状況にもよりますが、当事者の参加によってニーズに合わせた支援を提供しやすくなるだけでなく、子ども自身や家庭の"課題に対する対応力"を育てることにもつながります。

また、日本の社会福祉行政の限界として、申請主義があると指摘されています。福祉的な支援を得るためには当事者が自ら申請をしなければならず、支援に結びつきにくくなることがあります。ですから、学校を含め、支援を提供する側には、支援を必要とする人を積極的に発見するアウトリーチの姿勢が重要だと言えます。家族支援には、子どもや家庭の抱える困難に積極的に気づこうとする支援者の存在が大きく、やはり"気づく""つなげる"が重要です。

2．家族支援のための、教育と福祉の連携

　教育と福祉の連携にあたっては、主な関係機関の役割や専門性についての知識と、連携についての共通認識（どのような状況や問題が起きているときに連携が必要か、どのような機関や専門職がかかわる必要があるか、どのように役割分担するか等）があると連携しやすくなります。各機関の役割や限界を知り、それぞれの専門性を活かして協働することができると効果的です。
　教育と福祉の連携が必要となる主な課題や問題、そしてそれらの課題や問題に対応する主な関係機関や援助には以下のようなものが考えられます。

(1) 教育と福祉の連携が必要となる主な課題や問題

1) 虐待

　虐待は、子どもの発達を阻害し、愛着障害、ＰＴＳＤ等を引き起こすだけでなく、アイデンティティ形成にも影響を及ぼすことが指摘されています。2000年に「児童虐待の防止等に関する法律」（虐待防止法）が成立し、行為者（保護者：「親権を行う者、未成年後見人その他の者で、児童を現に監護するもの」）や行為（身体的虐待、性的虐待、ネグレクト、心理的虐待）が定義されました。
　児童虐待を発見した場合には、市町村の担当部署や児童相談所に通告する義務があり、それは守秘義務違反にはなりません（虐待防止法6条）。通告後に関係機関により構成される要保護児童対策地域協議会（要対協）で、子どもや家庭に関する情報交換や支援内容の協議を行い、連携が図られます。児童虐待も含め適切な養育を受けられない子どもには、社会的養護として措置先が決められますが、学校では対象となっている子どもへの配慮も求められます（文部科学省、2022）。

2) 保護者の精神的な不調、精神疾患等

　児童養護施設では、入所時の家庭状況として、父親または母親の精神疾患等を理由とする子どもが15.6％を占めています（厚生労働省子ども家庭局、2020）。保護者の状態によっては日常生活を保つことが難しく、子どもを適切に養育できないことが起こります。保護者と協力関係を築くことが難しい場合もありますが、ＳＳＷやＳＣと連携して保護者の状態をアセスメントし、児童家庭支援センター、こ

ども家庭センター等と連携する、市町村が行うファミリー・サポート・センター事業等を活用して保護者の負担を軽減する、必要に応じて保護者を医療機関や相談機関につなぐなど、家庭環境を整えていくための支援が必要になります。

3) 貧困

貧困は、「絶対的貧困」「相対的貧困」「相対的剥奪」「社会的排除」「ケイパビリティの欠如（どのような生活を選択するかの自由が剥奪されている状態）」等、さまざまな側面から定義されますが、子どもにとって経験や可能性を剥奪されることの影響は大きいと言えます。2021年度の日本の子どもの相対的貧困率は11.5%であり（厚生労働省「国民生活基礎調査」）、2020年度の要保護および準要保護児童生徒の総数は約132万人（就学援助率14.42%）でした（文部科学省「就学援助実施状況等調査」）。2013年に「子どもの貧困対策の推進に関する法律」が成立し、子どもの貧困対策の基本的施策として、教育の支援（ＳＳＷやＳＣ重点配置校増、学力課題解消の教員加配措置等）、生活の支援（基本的生活習慣の習得や学習支援を行う「こどもの生活・学習支援事業」等）、保護者に対する就労の支援、経済的支援が行われています。後述する経済的援助等を活用し、子どもの経験を保障することも大切です。

4) ひとり親家庭

2021年度の「国民生活基礎調査」によると、ひとり親家庭の相対的貧困率は44.5%で、「子どもがいる大人二人以上」世帯の8.6%と比べると圧倒的に高くなっています。2012年の母子及び寡婦福祉法、児童扶養手当法が改正され、ひとり親家庭等の自立支援策としては「就業・自立に向けた総合的な支援」が、子育て・生活支援策、就業支援、養育費確保支援、経済的支援の4本柱で行われています（厚生労働省、2014）。

また、安心して子育てしながら働ける環境を整えるため、市町村が実施する「地域子ども・子育て支援事業」の「子育て短期事業」があります。これは、養育が一時的に困難となった場合に児童養護施設等に短期間入所できる援助（ショートステイ）や夜間養護（トワイライトステイ）などです。ほかにも、母子生活支援施設、母子・父子福祉センター、母子・父子休養ホーム等も活用できます。

5) ヤングケアラー

ヤングケアラーとは、「本来大人が担うと想定されている家事や家族の世話などを日常的に行っているこども」（こども家庭庁ホームページ「ヤングケアラーのこと」）のことです。幼いきょうだいや障害・病気等のある家族の世話や見守り、問題を抱える家族への対応、障害や病気のある家族に代わっての家事の担当、家計を支えるための労働等がその例で、子どもにとっては学校生活に影響が出たり、心身の不調につながるような重い負荷がかかります。周囲の大人が子どもの状況に気づき、重い責任や負荷を抱えることになった背景にある問題を発見し、児童家庭支

援センター、こども家庭センター等と連携したり、市町村の担当部署等を通じて必要な経済的援助につなげることも考えていく必要があります。

6) 子どもの障害等

　2011年に改正された障害者基本法、2016年に施行された「障害を理由とする差別の解消の推進に関する法律」（障害者差別解消法）では、共生社会の実現が目指されています。障害者差別解消法では、障害を理由とする不当な差別的取り扱いの禁止と合理的配慮の提供が求められています。合理的配慮の提供は、2024年4月から私立学校でも法的義務となりました。

　また、障害児が利用できる福祉サービスは児童福祉法によって規定され、「障害児支援に係る給付」「相談支援に係る給付」がありますが、その中の1つが「放課後等デイサービス」です。学校通学中の障害児に対して、放課後や夏休み等の長期休暇中において、生活能力向上のための訓練等を継続的に提供するもので、自立した日常生活のための訓練、創作的活動、作業活動、余暇の提供等が行われています。利用するには、市町村の担当部署に相談し、手続きを進めます。

(2) 主な関係機関や援助

1) 児童相談所（児相）

　児童相談所は児童福祉法に基づいて設置され、原則18歳未満の子どもに関する相談や通告を受け付ける相談機関です。通告や相談を受けると、情報収集や調査、子どもの安全確認を行い、必要な場合には一時保護や児童福祉施設への入所等の措置を決定します。学校は、児童虐待に関して児童相談所等から情報提供を求められたときには、一定の要件のもと提供できるとされています（虐待防止法13条の4）。

2) こども家庭センター、児童家庭センター（子ども家庭支援センター等）

　2022年の児童福祉法改正に基づき、母子保健にかかわる「子育て世代包括支援センター」と児童福祉にかかわる「子ども家庭総合支援拠点」の機能は維持した上で組織を見直し、子育て世帯や子どもへ一体的に相談支援を行う「こども家庭センター」の設置が推進されています。また、「児童家庭支援センター」は、児童福祉に関する問題について、家庭その他からの相談に応じる機関です（児童福祉法44条の2）。児童相談所、児童福祉施設等との連絡調整も行い、児童虐待の防止、通告先の役割も担っています。

3) 市町村の福祉関係の担当部署

　家庭に近い市町村は、地域の実情に応じて子どもや家庭への支援を推進することが求められています。市町村が実施する「地域子ども・子育て支援事業」の1つに「ファミリー・サポート・センター事業」があります。これは、児童の預かり等の援助を受けたい希望者と援助を行いたい希望者の調整を行う事業で、保護

者の負担軽減につながります。そのほか、市町村は児童虐待の通告先であり、児童相談所と連携して対応し、要保護児童対策地域協議会の設置や連携の調整も行います。

4）要保護児童対策地域協議会（要対協）

要保護児童対策地域協議会は、通告後の子どもや家庭に関する情報交換を行い、支援内容を協議し連携を図るために、児童相談所、保健所、市町村関係部署、学校、医療機関等により構成されます（児童福祉法25条の2）。代表者会議（年数回）、実務者会議（1～2か月に1回）、個別ケース会議（必要に応じて）が行われます。要対協は関係機関等に情報提供等の協力を求めることができますが、その求めに応じての情報提供は守秘義務違反にはなりません。また要対協の構成員にも守秘義務が課せられ、個人情報の共有が可能となっています。

5）経済的援助

・**生活保護制度**：困窮の程度に応じて最低限度の生活を保障し、自立を助長するもの。主な窓口は、市町村の福祉事務所。

・**児童扶養手当**：ひとり親世帯の生活と児童の育成を支援するための給付金。主な窓口は、市町村役所。

・**就学援助制度**：経済的理由で就学困難と認められる学齢児童生徒の保護者に市町村が必要な援助を行うもの。主な窓口は、学校や教育委員会。

そのほか、「低所得の子育て世帯に対する子育て世帯生活支援特別給付金」「母子父子寡婦福祉資金の貸付」等もあります。

6）民間機関

近年、「子ども食堂」の取り組みが盛んになっており、食事の提供以外に学習支援や居場所の提供等を行う団体もあります。また、経済的理由から学習塾等の利用が困難な子どもに対して学習支援を行っている団体などもあります。

＊

学校に求められる役割は非常に多く、教職員の負担は増すばかりですが、子どもや家庭の困難に "気づく"、そして確実に "つなげる" ことが、学校だからこそできる重要な役割だと思います。そして、学校が安心して "気づく" "つなげる" ことができる体制を整えることが、社会に求められています。

＜参考文献＞

小林理（2013）「家族論と家族を支援するための基礎知識」相澤仁編集代表／宮島清編『家族支援と子育て支援―ファミリーソーシャルワークの方法と実践』（シリーズやさしくわかる社会的養護 5）、明石書店

厚生労働省子ども家庭局・厚生労働省社会援護局障害保健福祉部（2020）「児童養護施設入所児童等調査の概要（平成30年2月1日現在）」

厚生労働省雇用均等・児童家庭局家庭福祉課（2014）「ひとり親家庭の支援について」

文部科学省（2022）『生徒指導提要』

林浩康（2013）「社会的養護における家族支援の意義と課題」相澤仁編集代表／宮島清編『家族支援と子育て支援―ファミリーソーシャルワークの方法と実践』（シリーズやさしくわかる社会的養護 5）、明石書店

第2部

実践編

集団づくり

個別課題への対応

多職種連携による支援体制

[集団づくり]

1 多様な子どもたちと 学校教育相談

会沢信彦

1. 学校の中の多様な子どもたち

　近年、社会の中で、多様性やダイバーシティという言葉を聞く機会が増えてきました。最近では、「ダイバーシティ＆インクルージョン（D＆I）」の推進を謳う企業も増えているようです。企業にとっては、社員の多様性を前提とし、それを積極的に活用していくという姿勢がなければ、もはや生き残ることはできないという危機感の表れなのでしょう。

　言うまでもなく、学校にも多様な子どもたちが存在します。一例を挙げれば、以下のような子どもたちです。

・外国にルーツのある子ども

・障害のある子ども

・発達的な（いわゆる）「特性」のある子ども

・健康問題を抱える子ども

・性的マイノリティの子ども

・貧困など、困難な家庭環境にある子ども

・いわゆるヤングケアラー

・家庭以外（児童養護施設など）から通学する子ども

　私たちはしばしば、「普通は…」「普通じゃない」と口にします。しかし、「普通の子ども」というのは私たちの幻想であり、実はそもそも「普通の子ども」など存在していないのかもしれません。

　なお、『生徒指導提要』（改訂版）では、第13章「多様な背景を持つ児童生徒への生徒指導」を中心に、学校の中の多様な子どもたちについて詳しく取り上げています（文部科学省、2022）。ここでは以下に、多様な背景をもつ子どもについての第12章と第13章の節見出しを紹介するにとどめますが、学校教育相談に携わる者にとっては必読の内容です。

・12.4 「性的マイノリティ」に関する課題と対応

2．多様な子どもたちを理解する視点

　『生徒指導提要』には、アセスメントの方法として「生物・心理・社会モデル（ＢＰＳモデル）」が紹介されています。筆者は、このモデルに従い、学校において多様な子どもたちを理解する視点も以下の３つがあると考えています。

(1) 理解の視点①：生物モデル──ニューロダイバーシティ

　まず、生物学的側面として、ニューロダイバーシティを挙げたいと思います。近年、脳・神経科学の立場からも、「そもそも人は脳・神経のレベルから異なる存在である」ことが明らかになりつつあります。村中（2020）は、「『あらゆる面において神経学的多数派』な人など存在しない」と述べています。そして、「ただそこにある特徴」にしかすぎない脳や神経の違いが、環境との相互作用の中で価値づけされ、「障害」にも「個性」にも「才能」にもなり得るのだと指摘しています。

(2) 理解の視点②：心理モデル──スキーマ

　ご承知のとおり、近年のカウンセリング理論の主流は、認知行動療法です。さまざまな悩みや困難の背景として、個人の「認知」に焦点を当てようとします。この場合の「認知」は、学び方の違いを説明する際に用いられる「認知特性」という概念よりも広い、「世界や自分自身に対するものの見方、考え方」とでもいうべきものだと思われます。認知行動療法では、特に深いレベルの信念や思い込みを「スキーマ」と呼んでいます。ちなみに、交流分析における「人生脚本」、アドラー心理学における「ライフスタイル」は、ほぼ同様のものを指していると筆者は理解しています。

　筆者は、スキーマを、すべての人が脳にかけているサングラスのようなものだと考えています。人は皆、そのサングラスを通して、世の中（他者）や自分自身を理解しています。アドラー心理学では、ライフスタイルは、5～10歳くらいに固まると考えられていますが、ニューロダイバーシティの観点をふまえれば、もともともっている脳・神経の違いの要素も少なくないと思われます。

　さて、一人一人、サングラスの色と色の濃さは異なります。したがって、自分とまったく同じものの見方をする人は存在しません。しかし、ほとんどの人は、色は異なっても、基本的には色の薄いサングラスをかけています。だから、「あな

たはそう考えるのね。私とは違う見方ではあるけれど、あなたの考えも理解できるわ」と、お互いを理解しあえるのです。

　しかし、世の中には、何らかの理由で色の濃いサングラスをかけている人がいます。小さい頃から真っ赤なサングラスをかけている人は、真っ赤な世界や人生しか知りません。比較的薄い色のサングラスをかけている多くの人は、その人を理解することができません。「変わった人ね」「変な人だわ」と、その人から遠ざかろうとします。しかし、その人の立場になってみるとどうでしょう。幼い頃から、「誰も自分のことを理解してくれない」「世の中はみんな自分の敵なのだ」と感じてもおかしくはありません。

　なお、認知行動療法の発展型であるスキーマ療法では、色の濃いサングラスを「早期不適応的スキーマ」と呼んでいます（伊藤、2013）。

（3）理解の視点③：社会モデル——学校に福祉の視点を

　現在、子どもの貧困が社会問題となり、子ども食堂など、課題解決に向けたさまざまな取り組みが行われています。また、増加の一途をたどる児童虐待についても目を背けることはできません。しかし、学校においては、どこか、「経済的にもある程度余裕があり、親が愛情を注いで子どもを育てる家庭」を「普通」と考えてしまう部分はないでしょうか。

　中央教育審議会の「『令和の日本型学校教育』の構築を目指して〜全ての子供たちの可能性を引き出す、個別最適な学びと、協働的な学びの実現〜（答申）」（文部科学省、2021）では、学校教育の役割が以下の３点であることを明確に指摘しています。

①学習機会と学力の保障

②全人的な発達・成長の保障

③身体的、精神的な健康の保障（安全・安心につながることができる居場所・セーフティネット／福祉的な役割）

　そして、特に②と③こそが「日本型学校教育の強み」であると述べています。学校教育の中核は授業であり、①が学校教育の中心であることは言うまでもありません。一方、特別活動などを中心に、②についてもわが国の学校が力を注いできた部分だと言えます。

　筆者は、学校の役割として③をはっきりと打ち出したことが、この答申の最大の意義だと考えています。学校は、授業において子どもたちの学習機会と学力を保障し、学校生活全体を通して子どもたちの全人的な発達・成長の保障を行う前提として、「子どもの身体的、精神的な健康を保障」し、「安全・安心につながることができる居場所・セーフティネット」でなければなりません。これらは、従来、福祉の領域で重視されてきた考え方です。筆者は、多様な子どもたちを理解する

ためには、学校には今後さらに福祉的な視点が必要であり、それを担うのは学校教育相談にほかならないと確信しています。

３．私たちにできること①　まずは身近な自他理解から

多様性は、「自分は同性が好きかも」と悩むＡさんや、外国からやってきてまったく日本語がわからないＢさんだけの話ではありません。クラスの子どもたち、職員室の同僚、そして自分自身こそが、多様な存在なのです。したがって、まずはクラスの子どもたち、職員室の同僚、そして何より自分自身をよりよく理解することこそが、多様性を活かした学級、学校をつくるための第一歩となるはずです。

身近な他者や自分自身を理解するために必要なこと、それは、学校教育相談を学び、実践することにほかなりません。「治そうとするな、わかろうとせよ」（國分、1979）の姿勢のもと、他者と自分自身の心の声に十分に耳を傾けることがその第一歩です。

４．私たちにできること②　職員室に多様性を

多様な子どもたちを理解するためには、教職員集団も多様でなければなりません。ある中学校の校長先生のエピソードです（青木、2018）。初任の女性教員は、生徒から「オロオロ先生」とあだ名が付くくらい自信がなさそうに見え、校長として大変心配していました。しかし、あるとき校内を巡回していると、別室から笑い声が聞こえます。そっとのぞいてみると、普段は笑い声など聞いたこともない、緘黙の生徒とおとなしい不登校気味の生徒が、オロオロ先生と談笑していたのです。校長先生は、「オロオロ先生を指導しようとしていた自分が間違っていた。彼女は、彼女のままで、十分この学校に必要な存在なのだ」と気づかれたそうです。

教師一人一人の多様性（＝持ち味）が十分に活かせる教職員集団でありたいものです。

〈参考文献〉
青木一（2018）「『オロオロ先生』に学ぶ」『月刊教職研修』９月号
伊藤絵美編著（2013）『スキーマ療法入門』星和書店
國分康孝（1979）『カウンセリングの技法』誠信書房
文部科学省 (2021)「『令和の日本型学校教育』の構築を目指して〜全ての子供たちの可能性を引き出す、個別最適な学びと、協働的な学びの実現〜（答申）」
文部科学省（2022）『生徒指導提要』
村中直人（2020）『ニューロダイバーシティの教科書』金子書房

[集団づくり]

2 荒れる学級における 学校教育相談

松山康成

近年、問題行動の増加が、特に小学校において顕著になっています。なぜ子どもたちは荒れるのでしょうか。その荒れへの対応に学校教育相談をどのように活かしていくのか、具体的な方法とそれを支える理論やエビデンスを紹介します。

1. 子どもの問題行動を理論で明らかにする

行動に焦点を当てた理論として、応用行動分析学があります。応用行動分析学では、行動は個人と環境の相互作用によって生じると考えます。**行動**（Behavior）は**先行事象**（Antecedence）によって引き出され、**結果事象**（Consequence）によって増える・高まると考えます（資料2-2-1）。

図2-2-1 行動のＡＢＣ理論

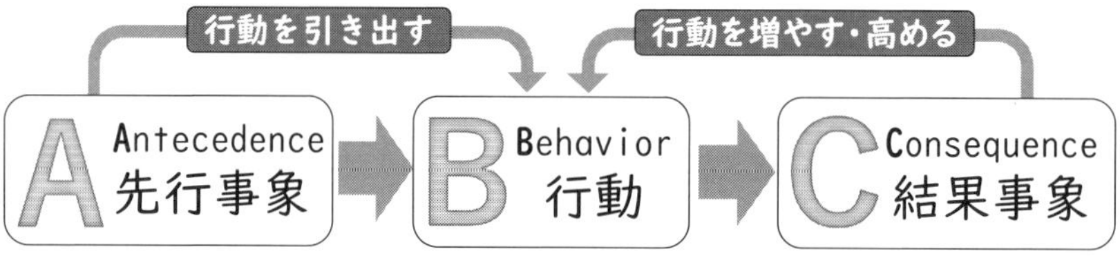

行動を引き出す　行動を増やす・高める

A Antecedence 先行事象 → **B** Behavior 行動 → **C** Consequence 結果事象

この枠組みで子どもの問題行動を検討すると、問題行動は何かの出来事（先行事象）によって引き出されると理解できますが、問題行動をした結果、何かを得ていると理解することもできます。例えば問題行動の結果、教師から注意を受けたり、周りの子どもから注目されたりします。また、あまりに問題行動が続くと「もう授業を受けなくていいよ」「本でも読んでなさい」などと言われたりします。このように問題行動を行うと注意や注目、逃避などといった出来事と出会うことができるわけです。荒れた学級では、むしろ問題行動をしないと教師にかかわってもらえないということが起こります。つまり、教師のかかわりが問題行動を増やしてしまっている要因と考えることができるのです。

ここで大切なのは、子どもの「適切な行動の結果事象」は整っているのかということです。荒れた学級では、「子どもが時間を守る」「ノートを書く」といった

適切な行動を教師が見過ごしてしまっていることがよくあります。つまり荒れに対するいちばんの処方箋は、子どもの適切な行動が生まれるような教師のかかわりを増やすということなのです。では、その方法を紹介します。

2．教師の前向きな言葉かけを増やしていく

　荒れた学校では特に、子どもの問題行動が多いと注意や叱責が増えてしまうのですが、全員が問題行動をしているわけではありません。場面によっては頑張っている（頑張ろうとしている）子どもが少なからずいます。その子を見逃さずに、前向きな言葉（結果事象）を増やしていくのです。

　子どもの授業参加を促進するためには、教師の前向きな言葉かけを増やすことが何よりも大切になります（Gage & MacSuga-Gage, 2017）。学級が荒れた状態では難しいと思われるかもしれませんが、次のような工夫によって不用意な注意や叱責を減らし、前向きな言葉を増やしていくことができます。

・周囲他者に影響を及ぼさない問題行動は様子を見る。
・周囲の"できている子ども"への前向きな声かけで、問題行動であることを暗に指摘する。
・問題行動を終えたことを認めて、次にしてほしいことを伝える。

3．子どもの前向きな行動を増やす

　学級が荒れた状態では、子どもに前向きな言葉かけをしたくても、「問題行動ばかりでなかなか機会がない」と思われるでしょう。その機会を増やすために、まずは学級で子どもたちに頑張ってほしい行動を"1つ"考えてみましょう。あれもこれもと取り組んでも、荒れた状態で改善を目指すことは困難です。そこで、子どもたちと教師が"取り組んだほうがいい"と思える行動を1つ考えます。例えば、荒れた状態では静かに話を聞くことが難しかったりします。静かにすることが難しいと、授業は成立せず、行事や活動でも指示ができなかったりして、いろいろなことがうまくいかなくなります。そこで「静かに話を聞く行動」を増やすことにします。まずは1つ、学級での成功体験をつくるのです。

　大切なのは、なぜその行動が大切なのかを子どもたち全員と考えるということです。なんとなく"よくしたい"のではなく、1つの行動に焦点を当てることで、具体的に考えることができます。そして、その行動を行うときの教師の指示の出し方（先行事象）を決めておきます。学級が荒れた状態では、なかなか言語的な

指示では難しいことがありますので、例えば手を挙げたり、指を口元で立てて合図をしたりする方法（沈黙のポーズ）もあるでしょう。

さらに大切なのは、静かに話を聞くことができた子どもにも、同じ合図をしてもらうというものです。これは教師にとって、できている子どもに注目する先行事象となります。このような指導や工夫により、子どものできている行動に目を向けることが実現し、結果的には静かに話を聞くことができたり、授業が成立するようになったりしていきます（松山・沖原・田中、2022；松山・田中・庭山、2024）。

4．子どもたちのできたことを記録する

1つの行動に焦点を当てることで、荒れた状態の中でも学級に少しずつ改善の兆しが見えてくるかもしれません。しかし、学級が改善しているか否か、荒れた状態から回復しているかどうか、その経過を子どもたちと共有することは簡単ではありません。子どもたちの頑張りを明確にしていくことで、「やってよかった」「やってよくなった」と実感しやすくなります。

そこで、行動を記録して、子どもたちに「できている」ことを伝えます。例えば静かに話を聞くことであれば、「先生が話します」「○○さんが話します」と言葉かけをしてから静かになるまでの時間を記録します。また、授業に取り組んでいる様子であれば、例えばノートの記述の有無や授業中の机間指導の中で座席表にチェックを入れるなどして記録することができます。

その記録に基づいて、子どもたちにできている事実を伝えます（結果事象）。

資料2-2-2　時間やグラフでのフィードバックの実際

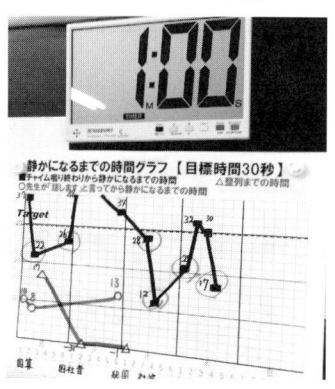

例えば、時間であれば「前より○秒早くなっているよ」とフィードバックすることができます。また、その時間の経過をグラフに示すことで（資料2-2-2）、子どもたちに継続的なフィードバックを行うこともできます。これらは、子どもたちと成果を共有するためにも有効ですが、教師にとっても、子どもの前向きな行動に注目し続けるために役立ったり、学級の状態の指標としても用いたりすることができます。また、この記録は個別的な教育相談に活かすこともできます。

5．個別的な課題に対して支援する

学級が荒れた状態のときは、問題行動が多い子どもに注目して、その子どもをどのように支援するかといった議論から始められやすいのですが、そもそも学級

全体の立て直しが実現していない状態で、個別的な課題をもつ子どもに焦点を当てて支援しても、別の個別的な課題をもつ子どもが出現してしまうという“もぐらたたき”の状態になってしまいます。

　集団を対象とした支援では、全体支援の充実や見直しを行った上で、そこで支援ニーズがある子どもや小集団に対して付加的に支援を行うことが有効です。そうすることで、個別的な課題が生まれにくい学級集団・学級環境が実現していきます。全体支援の中で記録していた静かになるまでの時間の記録やノートの記述の有無や授業中の座席表チェックなどの記録によって、どのような時間、教科、個人、小集団に課題があるのかを検討することができます。具体的には、静かになるまでの時間によって、例えば長い休み時間後や移動を伴う授業後に課題が見られるのか、あるいは特定の教科や子ども個人の特性によって課題が生じているのかを検討することができるでしょう。

　課題を明らかにできたら、以下の３つのアプローチで考えてみましょう。

①適切な行動が生まれるためのきっかけ（先行事象）は足りているか。
②適切な行動を行うことに困難さを抱えていないか。
③適切な行動を行った後の個別的なかかわり（結果事象）は足りているか。

　①と③では、特定の場面や個人、小集団の行動が生じやすい工夫を全体支援に付加していくことで、その適切な行動の実現を目指します。②については、個別的な面談や行動観察をふまえて、その行動の動作などを支援するＳＳＴ（ソーシャルスキルトレーニング）やＳＥＬ（社会性と情動の学習）を行うことが有効でしょう。それとともに、そこで教示した内容について①と③で、きっかけやフィードバックを充実させていくことも必要です。

　このような個別的な支援が足りているかどうか、効果的であるかどうかは、全体支援の中での記録や、その子どもや小集団だけに特化した記録によって明らかにしていきます。記録に基づいて支援を検討することで、記録が悪化または変化がなければ支援をさらに付加し、良化している場合はその支援を継続するという意思決定を行うことができます。これにより、確実な成果を実現します。

〈参考文献〉
Gage, N. A., & MacSuga-Gage, A. S.（2017）. Salient classroom management skills: Finding the most effective skills to increase student engagement and decrease disruptions. *Report on Emotional & Behavioral Disorders in Youth*, 17（1）, 13-18.
松山康成・沖原総太・田中善大（2022）「通常の学級における集団随伴性を含む介入パッケージが授業準備行動に及ぼす効果の検討―授業開始時の話の聞き方と準備物の用意の定着を目指した試み」『行動分析学研究』36（2）, 139-148頁
松山康成・田中善大・庭山和貴（2024）「通常の学級における授業中の静かに話を聞く行動の定着を目指した取り組み―『沈黙のポーズ』プロンプトを含む介入パッケージの効果」『行動分析学研究』39（1）

[集団づくり]

③ 学校教育相談の理念を活かした授業づくり

真田穣人

　私たち日本の教師は、子どもたちの学力向上や心の成長を意図して熱心に授業づくりに取り組み、指導してきました。その結果、知識理解力等の狭義の学力は高いレベルにあることが、さまざまな国際学力調査によって示されています。一方、自律的な学びや学習意欲については課題があることも明らかになっています。また、学業や学校生活への不適応も一因であると考えられる不登校等の問題行動が増加するなど、日本の学校教育は依然、多くの課題を抱えています。

　そのような中、これまでよりもさらに求められているのが、教育相談の理念や視点を活かした授業づくりです。学校教育相談の理念である「教師が児童生徒最優先の姿勢に徹し、児童生徒の健全な成長・発達を目指し、的確に指導・支援すること」(今井、2015) をもとに、次代を生きる子どもたちのための学び、授業づくりのあり方について、3つの視点から記します。

1. 児童生徒最優先の姿勢に徹した授業づくり

　1つ目の視点は、「児童生徒最優先の姿勢に徹した授業づくり」です。これは、子どもたち一人一人に寄り添い、理解し、一人一人の学びの特性に応じた学習環境を構築する個別最適な学びづくりと言うことができます。言い方を変えると、教師が「何を教えるか」ではなく、子どもたちが「何をどのように学び、何ができるようになるのか」というように、学習する子どもの視点に立ち、授業づくりを行うこととも言えるでしょう。

　そのような一人一人に寄り添った学びづくりの指針となると考えられるのが、学びのユニバーサルデザイン (Universal Design for Learning：UDL) です。UDLでは、多様な学習者に寄り添い、さまざまなニーズに対応できるような柔軟な学習の目標、方法、教材・教具、評価の方法を教師が提供します (CAST，2011)。

　UDLには、

　　Ⅰ：取り組みのための多様な方法の提供

　　Ⅱ：提示（理解）のための多様な方法の提供

Ⅲ：行動と表出のための多様な方法の提供

という3つの原則と31項目のチェックポイントで構成されたガイドライン（ＣＡＳＴ．2018）があり、それらをもとに、授業づくりに臨むことができます。

　例えば、チャレンジのレベルが最適となるよう課題のレベルやリソースを変えたり（Ⅰ）、聴覚情報や視覚情報を代替の方法でも提供（Ⅱ）したり、子どもが自身の学びの進捗をモニターする力を高められるように支援（Ⅲ）したりすることで、どの子もやる気があり、さまざまなリソースや知識、方略を活用し、自分の学びの舵取りをする「学びのエキスパート」になっていきます。

　ところで、子どもたち一人一人の学びの支援を行うためには、これまで学校教育相談が大切にしてきたアセスメントによる児童生徒理解が欠かせません。日々の授業において、子どもたちの学びの様子を観察したり子どもたちに話を聴いたりすることによって、一人一人の子どもがどのような学びの特性をもっているのか、どのような点でつまずきやすいのか等を把握し、それぞれのニーズに対応できるような指導方法や教材・教具を準備することができます。

　このようなアセスメントによる児童生徒理解を通した指導の個別化とともに大切であるのが、学習の個性化です。教師が子どものことを理解するのも重要ですが、子どもたち自身が自分のことを理解し、学びの方法や教材、そしてゴールを決めて、自らの学びを調整していくことが、自律的な学びには欠かせません。そのような学びを支えるためには、それぞれの子どもの抱える課題を理解するだけでなく、学習環境自体に障害があると教師がとらえ、学習の目標、方法、教材・教具、評価を含む授業デザインを構築していく必要があります。また、授業における教師の役割として、子どもたち自身が学びの目標を設定できるように、それぞれの教科や単元、本時を学ぶ意義や価値を伝えることも、これまでよりさらに重要になってくるでしょう。

　このようにＵＤＬの理論に基づいて指導の個別化と学習の個性化を図り、個別最適な学びを目指す授業づくりを行うことで、日本の子どもたちの課題であった自律的な学び、子どもが自らの学習の状況を把握し、主体的に学習を調整する自己調整的な学びを創造していくことができると言えるでしょう。

2．児童生徒の健全な成長・発達を目指した授業づくり

　2つ目の視点は、「児童生徒の健全な成長・発達を支援する授業づくり」です。これは、学業的発達にキャリア的発達、個人的・社会的発達を含めた学校教育相談の3領域すべてへのアプローチを意図した授業づくり、その総合的発達、全人的な成長・発達を目指した授業づくりと言うことができます。

　そのような全人的な成長・発達を促進する教育相談的な学びと言えるのが、協

資料2-3-1 協同学習の成立要件

Johnson, Johnson & Holubec (1993)	Kagan & Kagan (1994)
i　互恵的な相互依存（協力）関係 ii　対面による促進的相互交流 iii　個人の責任の明確化 iv　ソーシャルスキルの訓練と活用 v　グループ改善手続き（振り返り）	a　肯定相互的依存 b　個人の責任の明確化 c　参加の平等性の確保 d　活動の同時性への配慮

同学習（渡辺、2015）です。協同学習は、社会心理学や認知心理学などの学問を基盤とし、実践の中でその効果を確かめながらつくられてきた学習指導の理論であり、原理（杉江、2011）です。これまでにさまざまな実践方法が開発されています（栗原ほか、2011；佐藤、2012；杉江、2011など）。大事なことはその差異ではなく、そのいずれもが学習課題の解決のみを強調するのでなく、課題解決とともに人間関係が重視され、集団の仲間全員が高まることを目標としている点です。

　そのため、協同学習では"豊かな同時学習"が行われます。仲間と学びながら認め合い、励まし合い、高め合う中で、学力が効果的に身につくと同時に、自尊心や学習意欲、向社会的スキルや問題解決スキルやそれらに向かう態度が高まり、授業の中で人間関係がつくられ、深まっていきます。単なるグループ学習に陥らずに、協同学習をつくるためには、資料2-3-1のような成立要件を満たすことが重要であると言われています。

　協同学習を実践するポイントは、3つあります。

　1つ目は、**グループや学級全員が協力できるような学びを仕組む**ということです（資料2-3-1のⅰ、a）。例えば、相互交流が授業内で促進されるように（同資料ⅱ）、「○○についてみんなが理解し、説明できるようになろう」という課題を設定したり、課題について考えたことをグループ内で同じ時間を使って順番に述べる「ラウンド・ロビン」（Barkley et al., 2005）のように全員の活動の参加が前提となる協同学習の技法を活用（同資料ⅳ、c、d）したりすることで、全員で協力しながら学ぶことができるようになります。

　2つ目は、**みんなの成長、つまり学びの仲間一人一人が成長することを意識できるように支援する**ということです。一人一人が自分の学びと仲間の学びを達成できるように責任をもち（同資料ⅲ、b）、役割を分担したり、授業においてどのような姿が求められるのかを丁寧に確認したりします。

　3つ目は、**評価**です（同資料ⅴ）。子どもたちが個人の学びと集団の学びを振り返ることができるように教師が機会を設定し、支援します。その中で子どもたちは自らの学びを省察し、次の学びを自分たちでつくることができるようになって

いきます。

　このように、自分と仲間のことを大切にする学習の枠組みにおいて、子どもたちは意欲づけられ、学力が高まると同時により良い人間関係が形成され、全人的な成長・発達が促されていきます。

３．的確な指導・支援を行うための授業づくり

　最後の３つ目の視点は、「的確な指導・支援を行うための授業づくり」です。的確な指導・支援を行うためには、前述したように子どもたち一人一人に寄り添い、理解することが第一歩になります。その上で、ここまでに紹介したように、理論に基づいた授業づくりと実践を往還させること、そして指導と評価を一体化させることが大切になります。ＵＤＬや協同学習以外にも、カウンセリングの理論やグループエンカウンター、ソーシャルスキルトレーニングやピア・サポートなど、学校教育相談には授業に活かせる理論や技法が多くあります。それらを目の前の子どもたちや学習内容、教材に応じて、組み合わせながら授業づくりを行い、授業や単元の途中に形成的評価を行いながら、指導を修正していくことで、的確な指導・支援を行うことができます。

　ここでは、学校教育相談の理念に基づいて、「児童生徒最優先の姿勢に徹した授業づくり」として個別最適な学びを、「児童生徒の健全な成長・発達を目指した授業づくり」として協同学習を紹介しました。その両者を可能にするＵＤＬを土台にして、それらを一体的に実現、充実させるために、目の前の子どもたち一人一人や学級集団、学習内容に応じて、教師が主体的に授業づくりを行い、実践と省察を行うことこそが、より良い授業づくりと言えるのではないでしょうか。

〈参考文献〉

Barkley, E. F., Cross, K. P. & Major, C. H.（2005）*Collaborative Learning Techniques: A Handbook for College Faculty.* Jossey-Base

ＣＡＳＴ（2011）UDL Guidelines Version2.0

ＣＡＳＴ（2018）Universal design for learning guidelines version 2.2［graphic organizer］

今井五郎（2015）「学校教育相談の定義と歴史」日本学校教育相談学会研修テキスト

Johnson, D. W., Johnson, R. T. & Holubec, E. J.（1993）*Circle of Learning: Cooperation in the Classroom.* Interaction Book

Kagan, S. & Kagan, M.（1994）*Cooperative Learning.* Kagan Publishing

栗原慎二・牧野誉・エリクソンユキコ（2011）「カウンセリング技法を活用した協同学習の効果検討—導入期における成果と課題」『学校教育実践学研究』17

佐藤学（2012）『学校を改革する—学びの共同体の構想と実践』岩波書店

杉江修治（2011）『協同学習入門—基本の理解と51の工夫』ナカニシヤ出版

渡辺正雄（2015）「豊かな授業を創造する教育相談的アプローチ」日本学校教育相談学会研修テキスト

[集団づくり]

④ 包括的生徒指導の試みと学校教育相談

山田洋平

1. 包括的生徒指導とMLA（マルチレベルアプローチ）

　教育相談は、これまでの個別の事後対応にとどまることなく、予防的・開発的な教育相談を含むものへと様変わりしています。2022年に改訂された『生徒指導提要』においても、教育相談が生徒指導の一部として重要な役割を担っており、生徒指導と教育相談の一体化の必要性が指摘されています。

　こうした考え方は、アメリカを中心に推進されてきた包括的生徒指導（Comprehensive School Counseling and Guidance）がベースとなっています。包括的生徒指導とは、すべての生徒が個人的、社会的、学業的、キャリア的発達を含む全人的な発達を目指す生徒指導・教育相談のモデルです（栗原、2017）。このモデルでは、子どものニーズに応じて、対処的、予防的、開発的の3層が想定されています。

　包括的生徒指導に関する日本での取り組みの1つに、マルチレベルアプローチ

資料2-4-1　ＭＬＡの構造図

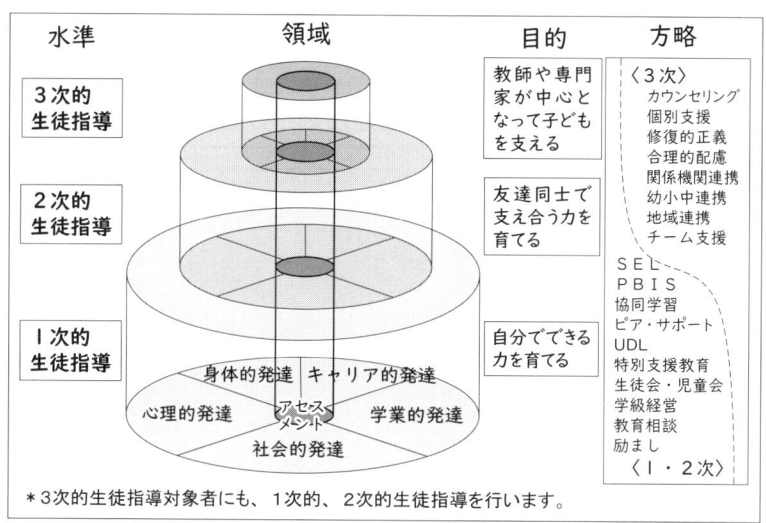

栗原（2017）より

（ＭＬＡ：Malti Level Approach）があります。ＭＬＡは、アメリカを中心に行われてきた包括的生徒指導をベースに日本の教育実態に合わせて、学級集団の育成に重点を置いたアプローチです（栗原、2017）。ＭＬＡでは、身体的・心理的・社会的・学業的・キャリア的発達の５領域から子どもの全人的発達を促します（資料2-4-1）。また、ＭＬＡでは生徒指導の目的ごとに、自分でできる力を育てる１次的生徒指導、友達同士で支え合う力を育てる２次的生徒指導、教師や専門家が中心となって子どもを支える３次的生徒指導に分類しています。ＭＬＡでは、１次的生徒指導と２次的生徒指導を重視します。つまり、子どもたち同士の集団の力で、個々の学校適応を促進するという考え方です。

２．総社市でのＭＬＡ実践

　　ＭＬＡは、学校単位や中学校区単位，さらには自治体単位での実践が進められており、多くの成果が報告されています。ここでは、その中から岡山県総社市の実践、主に集団づくりのための取り組みを紹介します（総社市教育委員会、2015）。総社市のＭＬＡでは、ＳＥＬ、ピア・サポート、協同学習、ＰＢＩＳの４つが柱となっています（図2-4-2）。それぞれの取り組みを簡潔に説明します。

資料2-4-2　ＭＬＡのプログラムの概念図

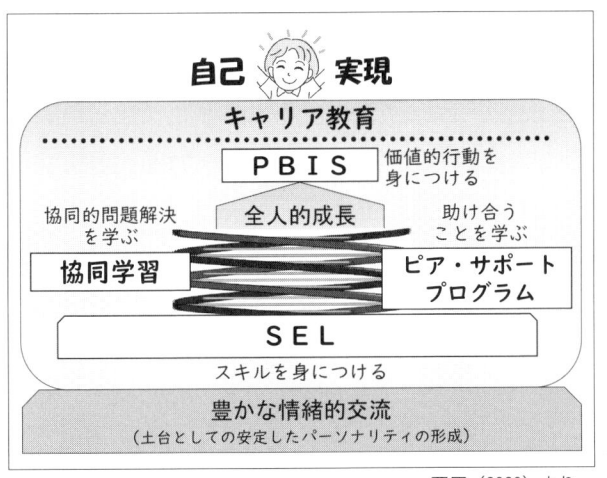

栗原（2020）より

（1）ＳＥＬの実践

　　ＳＥＬ（Social and Emotional Learning：社会性と情動の学習）は、「自己の捉え方と他者との関わり方を基盤として、社会性（対人関係）に関するスキル、態度、価値観を身につける学習」（小泉、2011）と定義されているプログラムの総称です。ＳＥＬでは、ロールプレイ、グループワーク、ゲーム、話し合いなどの体験的・協同的な学習を行いながら、コミュニケーションについて学びます。

　　総社市では、就学前の３歳児から中学校３年生までの12年間の系統的なＳＥＬを計画して実施しています。学年ごとに、学級活動や総合的な学習の時間などの教育課程に位置づけた年間計画を立て、８〜10単位時間のＳＥＬの授業を実践しました。

(2) ピア・サポートの実践

　ピア・サポートは、子ども同士が相互に支え合う活動を通して、思いやりのある子どもの育成とともに、思いやりのある学校風土の醸成を図るプログラムです。ピア・サポートでは、「トレーニング」→「プランニング」→「サポート活動」→「スーパービジョン」という流れで実践が進みます。トレーニング部分では、サポート活動に必要な対人関係スキルを学びます。総社市では、トレーニングとしてＳＥＬを位置づけました。そして、ＳＥＬで身につけた対人関係スキルや態度をもとに、サポート活動の実施計画を立て（プランニング）、サポート活動の場で実践します。

　総社市のピア・サポート活動では、小学生が幼稚園を訪問して遊んだり、中学年児童が低学年の九九の学習支援をしたりする活動を行いました。そして、サポート活動後に実践を振り返る（スーパービジョン）というサイクルを繰り返すことで、子どもの対人関係スキルの向上を図ります。

(3) 協同学習の実践

　協同学習とは「協力して学び合うことで、学ぶ内容の理解・習得を目指すとともに、協同の意義に気づき、協同の技能を磨き、協同の価値を学ぶ（内化する）ことが意図される教育活動」と定義される学習です（関田・安永、2005）。

　総社市では、「学習課題の設定」→「個人思考」→「グループ思考（協同場面）」→「全体思考」→「個人思考（振り返り）」という流れを協同学習の基本とし、「1コマ5分、1日30分」「コミュニケーションの量を確保」「個々の役割を明確に」を合言葉に、授業場面の中で子ども同士がコミュニケーションをとる時間の確保を優先的に行いました。協同学習で必要となるスキルの獲得は、ＳＥＬの学習で行われています。

(4) ＰＢＩＳの実践

　ＰＢＩＳ（Positive Behavior Interventions and Supports：ポジティブな行動介入と支援）は、応用行動分析の考えに基づき、期待される行動に対する肯定的なフィードバックを行い、その行動を維持させる介入方法です（栗原、2018）。

　総社市では、学校・園、家庭・地域との連携した取り組みを推進するために、教職員、保護者、警察署、有識者などと検討しながら、月ごとのテーマを決定しました。総社市のテーマには、「あいさつ」「思いやり」「責任」「勇気」「ふるさと愛」「感謝」などがあります。月ごとのテーマは、学校・園のみならず、家庭や公共施設などにポスターとして掲示し、よい行いをする子どもを地域でほめるように呼びかけています。子どもは、月テーマについて自分なりのめあてを立てて、それを実行し、節目ごとに振り返る活動を行いました。

3. 総社市の実践成果とまとめ

　総社市では平成22（2010）年度からＭＬＡの取り組みを段階的に始めました。取り組み前は、不登校児童生徒の出現率が小中学校ともに全国平均を上回っていました（資料2-4-3）。しかし、取り組みを始めた2年目の平成24年度には中学校で、5年目の平成27年度には小学校で、全国平均を下回りました。特に中学校では、その後も大幅な減少が見られました。

　この成果は、ＭＬＡを中心としたさまざまな取り組みによって成し遂げられたものです。しかし、生徒指導と教育相談が一体となり、予防・開発的な取り組みとしての集団づくりを行ったことによる影響は決して少なくなかったと考えます。

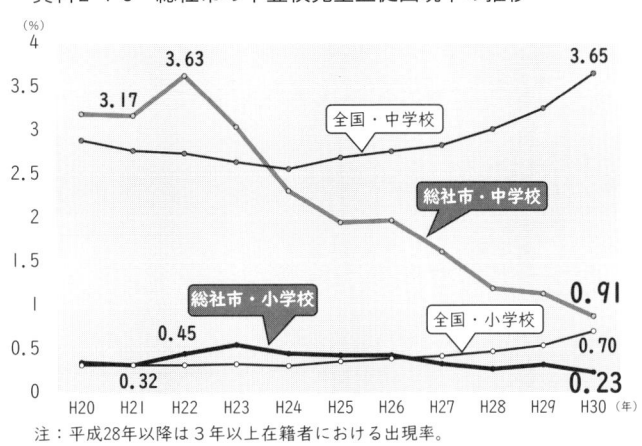

資料2-4-3　総社市の不登校児童生徒出現率の推移

注：平成28年以降は3年以上在籍者における出現率。

総社市教育委員会よりデータ提供

＊

　今回は総社市の自治体単位でのＭＬＡを紹介しましたが，ＭＬＡの多くは学校単位や中学校区単位で実践されています。通常学級の中に特別な教育的支援が必要な子どもが多く在籍していることをふまえると、これまでの個別の対処的な支援を行うことが困難になっています。そのため、教育相談は、これまでの対処的な支援に加えて、問題が起こる前からすべての子どもに対して予防的・開発的な教育相談を推進することがこれまで以上に求められています。

〈参考文献〉
小泉令三（2011）『社会性と情動の学習（ＳＥＬ-8Ｓ）の導入と実践』ミネルヴァ書房
栗原慎二編著（2017）『マルチレベルアプローチ　だれもが行きたくなる学校づくり―日本版包括的生徒指導の理論と実践』ほんの森出版
栗原慎二（編）（2018）『ＰＢＩＳ実践マニュアル＆実践集―ポジティブな行動が増え、問題行動が激減！』ほんの森出版
栗原慎二（2020）『教育相談コーディネーター―これからの教育を想像するキーパーソン』ほんの森出版
文部科学省（2022）『生徒指導提要』
関田一彦・安永悟（2005）「協同学習の定義と関連用語の整理」『協同と教育』（日本協同教育学会）1. 10-17頁
総社市教育委員会（2015）「だれもが行きたくなる学校づくり入門」
総社市教育委員会（2019）「総社市の不登校児童生徒出現率」

［個別課題への対応］

5 不登校と学校教育相談

中林浩子

1．これまでの不登校支援から見えてきたこと

　「不登校はどの子にも起こりうる」として、国は、さまざまな対策を講じてきました。特にここ数年は、「義務教育の段階における普通教育に相当する教育の機会の確保等に関する法律」（平成28年制定）により、社会における児童生徒の多様で適切な教育機会の確保として、学校以外の「学びの場」が数多く保障されるようになりました。

　しかし、わが国における不登校は、年々増加の一途をたどっている現状です。「令和4年度　児童生徒の問題行動・不登校等生徒指導上の諸課題に関する調査結果」（文部科学省、2023）によると、小学校・中学校における不登校児童生徒数は、約30万人、前年度から22.1％も増加し、過去最多となっていることが報告されました。不登校の定義である年間30日以上の欠席に当てはまらない、いわば不登校の兆しが見え始めている児童生徒を含めると、もっと多くの子どもが学校に行けない状況にあることが推察されます。さらにコロナ禍や広がる格差社会、貧困、虐待など、子どもたちを取り巻く社会環境の悪化により、不登校の問題はより複雑で深刻化することが危惧されます。

　「不登校児童生徒の実態把握に関する調査報告書」（文部科学省、2021）（以下、実態把握報告書）によると、最初に学校に行きづらいと感じ始めたきっかけとして、小学生76.9％、中学生79.4％が「学校生活がきっかけ」と回答しています。また、学校に行きづらいと感じ始めてから実際に休み始めるまでの期間は、約5割の小中学生が1か月から半年程度であったと回答しています。「どのようなことがあれば休まなかった」と思うかについては、「特になし」と回答している割合が最も高く、支援に対するニーズの認知が弱く自ら支援を求めることが難しい状況にある可能性が推察されます。

　一方、これらのデータから、休み始める1か月から半年の間が、特に不登校を未然に防ぐ重要な期間であることが認識され、実際に未然防止の対応がとられて

きたにもかかわらず、不登校が増加し続けている現状は看過できません。この状況は、不登校未然防止の取り組みの方向性を改めて問い直す必要性を示唆しています。サインはまだ見えていないけれども学校生活に不安やつらさを感じ始めている子どもに気づき、客観的・総合的な理解に基づいて、これまでとは違った角度から多様な手立てを検討し、工夫していく取り組みが求められます。この取り組みは、すべての子どもたちにとって充実した学校生活につながるものであり、何よりも不登校支援の重要な鍵と言えます。

2. これまでの学校教育相談からのシフトチェンジ

　　学校教育相談においては、これまで社会の要請として、不適応の中でも特に不登校の子どもへのサポートや相談体制の構築等、いわば個別課題への専門的な対応を期待される傾向が強かったのではないでしょうか。

　　しかし、本書の理論編で述べられてきたように、本来、学校教育相談は、もっと多岐にわたり、総合的な役割を担うものです。これについては、『生徒指導提要』（改訂版）でも述べられています。

　　これからの学校教育相談は、未然防止としての適応支援だけに目を向けるのではなく、積極的に、子どもたちの成長・発達支援に介入していくなどのシフトチェンジが求められます。つまり、これまで培ってきたリアクティブ（即応的・継続的）な相談活動を大切にしながらも、学校教育相談が子どもたちそのものを育てる教育活動に枠組みを広げて展開していく必要があるのではないでしょうか。

　　これからの時代を子どもたちが自ら切り拓き、よりよく生きていこうとする力を身につけていくために、学校教育相談の強みを、授業をはじめとする教育活動全体に行き渡らせていくことが肝要です。これこそが、プロアクティブ（常態的・先行的）で本質的な不登校課題への解決につながると同時に、学校教育相談の真骨頂であると考えます。

3. 不登校支援を進化させる学校教育相談

　　学校教育相談の強みは、多面的な児童生徒理解にあります。令和5年、文部科学省は、「誰一人取り残されない学びの保障に向けた不登校対策」として、「COCOLOプラン」を策定しました。なかでも、「心の小さなSOSを見逃さない」ことや学校を「みんなが安心して学べる」場所にすることなどを掲げています。これは、これまで学校教育相談が大切に培ってきたものと言えます。

　　また、日本学校教育相談学会では、学校教育相談を「教師が、児童生徒最優先の姿勢に徹し、児童生徒の健全な成長・発達を目指し、的確に指導・支援するこ

と」と定義しています（学校教育相談会、2006）。学校教育相談では、児童生徒の成長発達を重視し、「学業的発達」「キャリア的発達」「個人的・社会的発達」の3領域においての児童生徒の統合的発達を目指しています。

これらをベースに、新たな理論構築や科学的な視点を取り入れ、不登校支援を進化させていくことが必要と言えます。そのポイントを以下に示します。

・理論に基づき、成果が実証されている取り組みを考えること。

・学校の状況を踏まえ、包括的・意図的・計画的であること。

・「何をやるのか」「なぜやるのか」を全教職員・児童生徒・保護者・地域と共有すること。

・1人ではなく、かかわりのある分掌主任（教務主任、研究主任、生徒指導主事、特別支援教育コーディネーター、教科主任など）を巻き込むこと。

・成果を測定しエビデンスを示し、意義や価値を伝えること（特に児童生徒の変化や声、思いなど）。

・教員研修と働き方改革の両面を考え、理論を理解し、やり方を見直し、創造すること。

4. これからの不登校支援の3つの視点

(1) 子どもをより多面的・科学的に理解する

不登校の増加を受け、学校現場では、欠席状況管理システムや学校適応感を測るアセスなどの客観的な数値や尺度を活用した児童生徒理解が以前に比べて実施されるようになってきました。しかし、そこから得られたデータを十分に活用できていない状況がうかがえます。教師は、客観的・科学的データの解釈と活用の力量を伸ばす必要性があります。

また、子どもを取り巻く環境の変化により、愛着の課題や発達等の個々の特性をもつ子どもたち、貧困や虐待等の背景をもつ子どもたちが増えています。この子どもたちは、すでに、学校適応のリスクが高まっている状況ととらえることができます。つまり、これらの子どもたちの課題や特性、背景そのものが不登校のリスクとなることを認識する必要があるのです。こうしたリスクにつながる背景をいち早くキャッチし、理論に照らした理解と解釈ができれば、子どもがつまずく前に、リスク回避が可能になります。これが、今後の子ども理解・不登校支援の重要なポイントになると言えるのではないでしょうか。

学校教育相談は、客観的理解と共感的理解を重視し、さまざまな実践を重ねてきています。そこで培ってきた成果を活かして、客観的理解と共感的理解で得られたデータを的確に解釈し、理論に基づき仮説を立て、予想されるリスクに対して多様な角度から事前に手を打っていきたいものです。

(2) 子どもが成長を実感できる授業をつくる

　前述のように、学校教育相談は3領域（「学業的発達」「キャリア的発達」「個人的・社会的発達」）で、児童生徒の統合的発達を目指してきましたが、個人的・社会的発達領域に焦点を当てた取り組みが求められる傾向がありました。しかし、子どもたちの統合的発達を促すためには、学業的発達やキャリア的発達にもっと目を向ける必要があります。子どもたちが過ごす学校生活の大半は「授業」です。「誰一人取り残さない授業づくり」が新たな不登校対策の要と言えます。

　つまり、これからの学校教育相談は子どもが主体的に学ぶ授業づくりへの転換にも積極的に関与し、取り組んでいかなければなりません。「自分の力で課題が解けた」「友達と一緒に学べた」、そして何より「学ぶことの楽しさが実感できた」と感じられる授業こそが、これからの重要な不登校対策に直結すると考えます。

(3) よい友達関係をつくる

　前述の文部科学省の実態把握調査で、「どのようなことがあれば休まなかった」と思うかについては、小中学生ともに必要な支援について「特になし」と回答している割合が高いものの、「学校の友達からの声かけ」と回答した割合がいずれも15〜17%見られました。また、「学校に戻りやすいと思う対応」についても、17〜20%が「友達からの声がけ」と回答しています。統計的には高いとは言えませんが、子どもたちにとって友達とのつながりが心の支えになっていることを示唆する重要な数値と考えます。

　その一方で、コロナ禍は、子ども同士のコミュニケーションや人間関係の希薄化を加速させました。それだけでなく、SNSやメール等では自由奔放に自分の思いを表現できるのに、実際の対面場面では、自分の意思や気持ちを伝えられない若者が増えているように思います。これは、単純にコミュニケーション力が落ちているからだけでなく、他者意識や共感性が育っていない実態があることも危惧されます。だからこそ、学校教育の中で、豊かな情緒的交流の取り組みを工夫したり、SEL（社会性と情動の学習）やピア・サポートを意図的・計画的・継続的に取り入れ、他者意識や共感性を育てる場を実現していくことが求められます。

　例えばピア・サポートは、悩んでいる友達に気づき、自ら声をかけ、手を差し伸べられる子どもを育てるアプローチです。子どもの世界の出来事をいちばん知っているのは子どもだと考えると、学級の人間関係の危機にいち早く気づける子どもを育てることこそが不登校予防の鍵を握っていると言うこともできるのです。

〈参考文献〉
文部科学省（2023）「令和4年度　児童生徒の問題行動・不登校等生徒指導上の諸課題に関する調査結果」
文部科学省（2021）「不登校児童生徒の実態把握に関する調査報告書」
日本学校教育相談学会企画、日本学校教育相談学会刊行図書編集委員会編著（2006）『学校教育相談学ハンドブック』ほんの森出版

[個別課題への対応]

6 いじめ問題と学校教育相談

山崎　茜

1．いじめ問題の現状と背景

　文部科学省から毎年発表される数値を見ても、学校で認知されたいじめ件数は年々増加しています。2013年のいじめ防止対策推進法の施行以降のいじめの定義の見直しや、いじめの積極的認知の取り組みの成果という見方も可能ですが、はたしてそれだけが認知件数増加の要因なのでしょうか。コロナ禍を経て学校生活が通常どおりへと戻る中、子どもたちの接触機会もコロナ禍に比べて増えました。しかし、コロナ禍で特に低年齢だった子どもたちは、対人関係の基礎的な力を育む機会を制限されたことで、友人とかかわるスキルや学習意欲などが低下したことがわかっています（武蔵ほか、2022）。

　人間関係はそもそも葛藤や軋轢を生むものですが、教育ではそれを適切に問題解決する力の育成が求められています。ただ、昔とは異なり社会環境が変化し、子どもの社会化を担う友達や親戚、近所の人などとのかかわり、いわば社会化の「エージェント」と接する機会の不足が、適切な問題解決の力を養う機会も奪っています。近年はＳＮＳ、オンラインゲーム等の利用により、子どもたちの人間関係の実態がいっそう把握しにくく、問題解決が困難となったり心理的な影響が深刻になったりする場合があります。コロナ禍の「ソーシャルディスタンス」の徹底により、子どもたちはさらに社会的な成長の機会を失していたと考えられます。こうしたこともまた、いじめの増加要因として考えられるのではないでしょうか。

　さて、近年の児童生徒を対象としたいじめの実態把握を行った研究では、小学校では４割程度、中学校では３割程度の子どもたちが過去３か月内にいじめ被害にあったと報告していること、仲間外れや無視、殴る蹴る、直接悪口を言われるなどの被害は学年が上がるにつれ減少傾向にあるが、陰口については男子と異なり女子は中学校２年生をピークに増加する傾向があること（加藤ほか、2016）を示しています。他の調査でも、仲間外れや無視、陰口については小学校、中学校ともに被害経験の割合が高いことや、男子では直接的ないじめが、女子では間接的

ないじめがやや多く見られること（国立教育政策研究所、2021）が示されています。

　また、いじめ被害を教師に訴えたと回答した児童生徒の割合と、文部科学省の調査のいじめ認知率を比較すると３倍程度の差がある（加藤ほか、2016）という指摘もあります。近年の子どもたちの人間関係の発達の未熟さに加え、そもそも大人が把握している（と思っている）いじめの「実態」と、実際のいじめの「実態」とに大きな差がある可能性がある、ということには十分に注意する必要があります。

２．学校教育相談を中核とした被害者支援

　いじめ問題への対応でまず重要になるのは、被害者への支援です。いじめは子どもの起こす重大な問題行動であり、いじめ問題が発生した際には課題早期発見対応や困難課題対応的生徒指導が実態に応じて十分に展開される必要があります。いじめ被害者はいじめにより心的外傷を受け、孤立化、無力化、透明化に追いやられた結果、不登校や、自死を選択してしまうことも多々あります。現在のいじめ防止対策推進法が成立する大きなきっかけとなった、「大津市中２いじめ自死事件」も記憶に新しいまま、いじめをきっかけとする子どもの自死事件が近年も多く報道されています。また、長期化、深刻化したいじめによる深いトラウマが成人後の精神疾患につながることもあり、いじめ被害者への早急な介入が必要なことは言うまでもありません。

　いじめ被害にあうと、被害者の児童生徒は加害者や他のクラスメートに会うのが怖くなり、登校できなくなる、その結果学習等の遅れも生じてしまい、ますます学校や社会生活への復帰が遠くなってしまう、ということが起こり得ます。こうしたことを防ぐために、まずは被害者が安心して登校できるための体制づくりに積極的に努める必要があります。早急に校内の支援チームで情報を共有し、被害者が安心・安全を感じられる体制を整えていくことが求められているのです。加えて、被害者を守り、加害者への指導を行う上でも、いじめの事実について、どんなことが起こっているのかを正確に把握する必要があります。

　被害経験、時期、関連していた児童生徒などの把握はもちろんのこと、そうしたいじめを受けたことについて、被害者はどのように感じているのか、本人が望む解決のゴールはどのようなものかなど、教師との信頼関係をベースに積極的に介入することが求められます。近年のＳＮＳ等を使用したいじめは被害の実態や関連する加害者の範囲がつかみづらいことにも注意し、場合によっては校内外の多様な専門家・専門機関とも連携しながら対応することが必要です。

　また、児童期から思春期・青年期にかけて、子どもたちの仲間関係において「異質性」への排除傾向が強くなることも、いじめ被害の受けやすさ（ヴァルネラビ

リティ）に関連します。転校生であることや海外にルーツをもっていること、発達的な特性の凸凹があるなどだけでなく、特に思春期の女子の友人関係などではその関係の中での強すぎる同調圧力から、大人から見れば本当に些細なことが「異質」なものとしてとらえられ、いじめ被害へとつながることもあります。また、対人関係において人とのかかわりを回避する傾向の強い児童生徒はいじめ被害にあいやすく、対人関係において攻撃的な行動をとる児童生徒はいじめ加害者にも被害者にもなりうる（川畑ら、2018）という指摘もあります。

　発達支持的生徒指導や課題未然防止教育として、「異質」なものに対する寛容さを育成することが求められることに加え、対人関係において適応的な行動をとりにくい児童生徒に対しては、個別の教育相談を通じて心理・社会的な発達を促すこともいじめ被害を防ぐ一助となります。

3．学校教育相談を中核とした加害者支援

　日本におけるこれまでのいじめ対策では、被害者救済のアプローチが多く、加害者に自己の責任に気づかせたり、再度いじめ加害を起こさないように育てたりするという視点からの、いわば「加害者支援」のアプローチは乏しい状況がありました。

　いじめ加害行動の背景には、クラスの友人からの人気獲得のためや、反対に疎外されないため、あるいは加害者本人の行動決定に至るプロセスの課題、共感性や罪悪感の欠如といったさまざまなものがあります。このようなさまざまな背景からいじめ問題が起こるにもかかわらず、その対応では、双方の話を突き合わせ、事実を確認し、いじめの事実について大人（教師）がジャッジし、（場合によっては双方）謝罪する、という対応がとられることが多くあります。ただ、大人がジャッジして注意したり懲戒を科したりしても、加害者がなぜいじめ加害に至ったのかの理解がなく、表面的な解決（謝罪）にとどまったり、どちらかに不満が残ったりしていれば、その不満は潜在化し、より深刻ないじめ加害や、学校・教師への不信感につながり得ます。これでは、児童生徒が自らの行為を反省して、人間として成長することが難しくなってしまいます。

　このとき大切になるのが、修復的正義の観点です。このプロセスでは、いじめ加害者だけでなく傍観者や観衆も含む全体に対して、そのいじめにより被害者がどのような影響を受け、どのような心理的な状態にあるのかを明確にし、加害者および周囲の子どもたちの修復の責任を明確にします。そして、被害者に対してどのような責任の取り方が考えられるのか、どのように関係を取り戻していけるのか、伴走し、対話しながら子どもたち自らによる関係修復を促します。このようにして対立や葛藤解消の手法を丁寧に追い、身につける中で、子どもたちの共

感性や社会的スキルも養われていきます。また、加害者の心性の理解や被害者への感情的な共感性を養う上で、ロールプレイや望ましいかかわり方のスキルトレーニングをプログラムとして実施することも効果的です。

4.「いじめの種」を見逃さない・育てない体制づくり

日頃から、児童生徒の学校不適応をいち早くキャッチするための取り組みがされることで、実際のいじめ被害の有無にかかわらず、その"種"を発見することができます。

2013年のいじめ防止対策推進法により、全国の学校で頻繁にいじめアンケートなどが実施されています。一方で、いじめ被害に関しては年齢が上がるにつれ、保護者や教師にも言わないという選択をする子どもが多くなります。直接的にいじめ被害や加害の経験を問うだけでなく、児童生徒の友人関係に関する学校適応感を把握するツール（例えばアセスなど）を活用することが有効です。

また、このような方法で児童生徒理解の深化に努めることによって子どもからの教師への信頼感が高まることも、いじめの早期発見には有益だと言えます。自分の受けているいじめについて、あるいは、友人が被害にあっているいじめについて「先生に相談してみよう、そうすれば解決につながる」と子どもが思えるよう、日頃から児童生徒理解の深化を通して学校教育相談を進め、子どもが「先生は必ず自分を守ってくれる」と信じられる関係を築いておくことが肝要と言えます。

こうした信頼関係は、被害者・加害者双方の心理的・社会的な成長も促します。被害者にとっては、いじめの事実を理解して自分を守ってくれた学校や教師との信頼関係がしっかりとあること、加害者にとっては、自らの失敗を受け止めてその後の成長を応援してくれた教師や周りの大人や仲間たちとの信頼関係があることが、双方のその後の学校不適応を防ぎます。

そしてこうした対応を可能にするためには、校内でいじめ対応への方針がしっかりと共有されていること、いじめの実態についての情報把握・情報共有がされていること、実態に応じた校内外のチームでの連携が可能になっていることなど、生徒指導・教育相談の体制づくりが重要になるのです。

〈参考文献〉
加藤弘通・太田正義・水野君平（2016）「いじめ被害の実態と教師への援助要請―通常学級と特別支援学級の双方に注目して」『子ども発達臨床研究』8、1-12頁
川畑徹朗・池田真理子・山下雅道・村上啓二・木村美来（2018）「中学生のいじめ被害、加害及び目撃時の行動にかかわる心理社会的要因」『学校保健研究』60（2）、102-113頁
武蔵由佳・河村明和・河村茂雄（2022）「コロナ禍における2020年度の学級生活満足感と意欲の検討―小学校低学年の児童に注目して」『学級経営心理学研究』11、19-25頁
国立教育政策研究所（2021）「いじめ追跡調査2016-2018　いじめＱ＆Ａ」

[個別課題への対応]

7 保護者支援と学校教育相談

赤尾宗一

いじめや不登校など子どもを取り巻く問題は増加を続け、子どもたちの生きにくさは年々大きくなっているように感じています。また、保護者や学校現場の先生方の不安や苦悩も大きくなっているように思います。

ここでは、保護者をどう応援し、勇気づけていくことができるのかについて、できるだけ具体的な場面をもとに考えてみたいと思います。

1. 保護者の不安

保護者は、子どもが学校でしっかり勉強できているか、友達と仲良くできているか等、漠然とした不安を抱えていることが多いものです。そして、いざ子どもに登校しぶりなど何か問題が現れると、自責感や不安、悲しみ、怒り等が一気に高まっていきます。こういった保護者の不安等に配慮しながら、保護者と協働して子どもへの支援を進めることが必要です。

そのためには先生と保護者との間に、安心・安全な信頼関係が結ばれることが大切になります。

2. 普段から子どものよいところを保護者に伝え、保護者の安心・安全感を膨らませる

保護者と信頼関係ができるためには、日常的に"子どものちょっとした素敵な言動を保護者に伝える"ことが必要です。子どもの良い言動だけの電話等が担任から入ると、保護者は拍子抜けするとともに、安堵したり、先生はよく見ていてくれると信頼を深めたりしていきます。

このとき、「もうすでにしておられると思いますが、よければ、このことでお母さんからも子どもさんをほめていただけるとありがたいのですが」「お母さんがほめていただいた後のこともまた教えてくださいね」とお願いをしつつ、その後の様子も聞かせてほしいと伝えます。

数日後、その後の反応を確認すると、「とても喜んでくれて、何も言ってないの

に、自分からゴミを捨ててくれました」という良い報告が聞けるかもしれません。そうすると「さすがですね。お母さんのほめ言葉って子どもさんにとって最高のご褒美みたいですね」と、今度はお母さんをほめることができます。

このわずか2回のやりとりには、保護者を安心させる、先生との信頼関係が深まる、保護者が子どもに前向きにかかわれることが増えていくという、いくつもの効果が期待できます。

また、「こんな優しいお子さんに育てられた何かコツとかがあるんですか」というように"コツを教えてもらえる質問"もいいようです。多くの保護者は「特に何もしていませんけどね」と言われます。それでも少しくいついて「優しい言動ができる子は、どこかで大切にされている体験があるはずです」と聞くと、「そういえば、子どもが何か話をしてきたら、忙しくても話を聞くようには意識してきました」といったように答えてもらえることがあります。すると「あ〜それでなんですね。自分のことを気にかけてもらえるという安心感などが増えますね」と少し意味づけして返します。

3. 苦労をねぎらいつつ、保護者の力を引き出す

次に、保護者の中にある力を引き出す声をかけると、かなり信頼は得られます。

例えば「忙しくても、まずは子どもの話を聞こうとする優しさは、どこから出てくるんですか」と聞きます。すると「いやいや、内心はイライラしながら聞いてますよ」と、家での苦労を話してもらえることがあります。この苦労話が出てきたらねぎらうチャンスとなります。

「そうなんですか、子どもの話って聞くのなかなかイライラしますよね」「でも、少しだけ不思議に思ったのですが、イライラしながらも子どもさんの話を聞ける、その辛抱強さはどこから出てくるんですか」と聞いてみると、「そういえば、私は子どもの頃、よく自分の母親から理不尽に叱られて我慢していたことが多かったかな〜」といったように答えてもらえるかもしれません。「あ〜、そういった小さかった頃の辛抱強く我慢する体験があったからこそ、こうして今も辛抱強さが発揮されるんですね」「それで、忙しくても我慢して話を聞かれる。すると〇〇さんは、お母さんから大切にされているって思える。だから、学校でも、自分が家でしてもらえているように、人に優しくできるんですね」という感じになるかもしれません。

4. 保護者の警戒を安心・協働モードに

いろいろな事情で保護者に学校に来ていただく必要がある場合にも、ほんの少

しの配慮があると、保護者と信頼関係を深めつつ、子どもの成長促進のための協働者となっていただけます。

　まず多くは電話で保護者に連絡をとり、放課後に来校していただく日時を決めることが多いと思います。この時点で、先に述べたように、保護者は「何か問題を起こしたから呼び出されて、親の責任を問われる」と考え、警戒モードに入ってしまいます。警戒モードが強くなると、戦いモードに入ってしまい、先生と対立しやすくなります。そこで、いかに協働モードにもっていけるかがポイントになります。

　例えば、自分の思いどおりにならなくて、友達に暴力をふるった子どもを想定しましょう。「子どもがイライラして暴力をふるってしまうのは、子どもが、何に傷つき、困っているのか」など、その問題行動の背景を明らかにし、保護者と学校でチームになって支援する作戦会議のために、来校していただくことになります。電話では、問題行動の概要を伝えた後に、

　「いろいろ人に優しくできる〇〇さんが、今回のようにイライラして人を叩く行動になったのは、きっと何か困っていたり、傷ついたりしていることがあると思うんです」「だから、お母さんと一緒に、〇〇さんが何に困っていたり、傷ついたりしているかを一緒に見つけていきたいと思うんです」「たぶん、この電話でお母さんは悲しい思いをされたと思いますが、暴力という行為については学校でしっかり指導しましたので、これからイライラしたときに、暴力以外の方法で伝えられたり、嫌な気持ちと上手に付き合えるようになったりするための作戦を考えたいと思うので、〇月〇日の〇時か、△日の△時からは、ご都合いかがですか」「だいたい60分以内でと思っております」

といったように、まずは、仮の見立てと話し合う目的を提案します。また、終わりの時間の提示も重要です。この例では60分間でと提案しています。すると保護者からすると、予定も立てやすいですし、60分で解放してもらえるという安心感にもなります。

5．子どもが何に傷つき、困っているのかを見つけ、対応を工夫する

　保護者を迎える部屋は落ち着いて話ができる場所で、担任＋1名くらいがいいでしょう。

　最初に、来談してくださったことへのねぎらいと、ドキドキしながら来られたであろうことなど、保護者の不安な気持ちを察した言葉をかけます。その後、再度話し合いの目的を伝えてから、問題行動の前後について詳細に説明し、学校としての見立てを伝えます。そして、子どもがうまくできている場面も伝えた後に、「お家でも、嫌なことがあっても、それなりにできていることが多いと思うんです

が、どうですか」と保護者にも、家での良い場面を聞きます。そうしてうまくいっているパターンを整理します。

　ここで、保護者の工夫や良いかかわりを見つけ、そこを強調します。

　例えば、「まず、『してほしいことがしてもらえなくて嫌だったんだね』っていうようにお母さんが〇〇さんの気持ちを認めるように声をかけると、その後、落ち着いて行動が切り替えられるみたいですね」といったようにです。さらに、「お家で今回のようにとても悲しくなったりイライラしたりして、叩いてしまったことってありましたか」などと、子どもの傷つきや困りのいろいろなパターンを出し合います。その整理をしていく中で、「〇〇さんは、悲しいとか寂しいと感じると、イライラしやすいんですね」と保護者と一緒に困りのパターンを整理します。

6．少しましな未来を描く

　次は、「どうなれば少し生きやすくなるか」を一緒にイメージします。「〇〇さんは悲しくなったときに、叩く代わりにどうできたらいいんでしょうね」「そうですね、せめて、嫌だよとか、こうしてって言えたらいいかもしれませんね」といったようにアイデアを出し合います。そして、保護者とこれからのかかわりの工夫について話し合っていきます。「じゃあ、私も『叩く代わりにしてほしいことを言ってね』と伝えてみます」などと、保護者ができそうなことを言ってもらえるようにします。

　最後に、「２週間後くらいに、もしかすると、自分からこうしてほしいって気持ちを言葉に出せたり、イライラしても、コントロールできることが少し出てきているかもしれませんので、また一緒に情報交換しませんか」というように、次の約束をします。こうしていくと、保護者も責められずに、苦労をねぎらってもらった、わかってもらえたという満足感をもってもらえるかもしれません。

　こういったかかわりがあってこそ、深い信頼は得られていきます。

＊

　子どもが元気になるには、保護者が元気で安定していることが必要です。また、どの保護者も完璧な子育てができているとは思ってはいません。どこかに不十分さや負い目は感じているものです。そして、子どもに何か問題が起こると、先に述べたように自責感や罪悪感を強め、深い悲しみから怒りになったり、あきらめになったりします。

　まずは、保護者の自責感を和らげ、不安や悲しみを受け止め、子どもの栄養源である保護者が安定して子どもを支援できるようにすることも、学校教育相談の重要な役割だと思います。

［多職種連携による支援体制］

⑧ 校内連携・機関連携と学校教育相談

梅川康治

　学校が虐待の疑いに気づいた初期の段階の事例（プライバシー保護のため、内容を修正・脚色しています）を通して、校内連携・機関連携と学校教育相談のポイントを紹介します。

1．日常の教育相談と人間関係づくり

　【事例】小学校2年生男子Aは、笑顔が少なく、級友とのトラブルが多く、いつもイライラした様子で落ち着きがありません。保健室をたびたび訪れ、頭痛をしばしば訴えます。ある日、養護教諭のB先生は、Aの腕の傷を見つけました。よく見ると、着衣の下の身体にもあちこちにたくさんの傷跡があります。尋ねると「家でケガをすることが多いから」と答えました。おかしいと感じたB先生は担任のC先生や学年主任のD先生にすぐに相談しました。D先生は特別支援教育コーディネーターのE先生と生徒指導担当のF先生に相談をしました。

　教員の経験年数の多少にかかわらず、虐待のケースを体験することはそれほど多くはありません。そのため、「虐待ではないか」と感じても、「間違いだったらどうしよう。確認できるまでしばらく様子を見よう」と、相談することをためらうこともあるようです。結果として、対応が遅れ、事態がさらに悪化してしまうこともあります。

　学年主任のD先生は、教育相談の勉強を学会や研究会で長くしており、日頃から、どのような些細と思われる相談でも、相談をしてきた人に「悩みを相談するということは、とても勇気がいること。だから、その勇気を讃えたいと思っています。悩みを話せば、心の負担が少しでも軽くなりますよ」と丁寧な応対をしていました。そのため、D先生に相談する人が多いのです。また、特別支援教育コーディネーターのE先生は、日頃から先生方に「行動面で気になるあの子、この頃どうですか」と、さりげなく聞いています。「少し気になっているのですが」などの返事があれば、「こういう声かけのやり方もありますが」と、さりげなく支援の方法を一緒に考えてくれています。こうした日頃のやりとりが、いざというと

きに安心して話せる関係に役立ちます。事例の学校では、Ｄ先生やＥ先生のような先生がいることもあり、職員室でも普段から何気ない会話が多く、そのことが教員間での相談のしやすさにつながっているようです。

2．1人で抱え込まずにチームで動ける体制づくり

　　虐待への対応は、「子どもの命の確保と心のケア」「家族へのさまざまな支援」が必要となります。そのため、場合によっては法による介入も必要となることもあり、医療・精神保健・福祉・司法・警察などのさまざまな専門機関の支援と協力が必要となります。学校も、校内の教職員だけでなく、スクールカウンセラー（ＳＣ）、スクールソーシャルワーカー（ＳＳＷ）、地域の民生委員や保護司や地域住民などの多様なメンバーの協力が必要となることも多いのです。つまり、虐待への対応は、校内連携型と多職種連携によるネットワーク型の支援チームでの対応が必ず基本となります。特に子どもの命や心にかかわるので、軽く扱わないことが大切になります。

　　事例の学校では、「特に虐待やいじめなどについては、どのような些細なことでも兆候に気づいたり疑いを感じたりしたら、すぐにチームで検討します。同僚同士でもよいので、些細なことでもすぐに相談するようにしてください」と学校全体で折に触れ確認していました。

3．虐待の通告による子どもと家族への支援

【事例の続き】さっそく、声をかけ合った教員が集まり、相談を校長室ですることになりました。校長が在室していれば、早く現状を知ってもらうことができ、学校として動きやすくなるからです。

　　生徒指導担当のＦ先生が司会をしました。養護教諭のＢ先生と担任のＣ先生は、日頃のＡの行動や学習の様子を話しました。特別支援教育コーディネーターのＥ先生は「就学前の情報と１年生のときの様子から、発達の課題も関係があるかもしれません」と話しました。学年主任のＤ先生は「１年生のときの担任からは、Ａが家でケガをしたときの状況を保護者はいつも詳しく話していたそうです。その当時の担任は、『多動の子かな？』『注意散漫な子かな？』『学校ではケガをしないので頑張っていたのかな？』と思っていたそうです」と話しました。Ｆ先生は「虐待の疑いがありますね」と話しました。話し合った結果、学校長は、児童相談所に「虐待の疑いあり」で通告をしました。

　　通告は子どもの命を守ることが最優先になるので、証拠がなくても間違えていてもよいとされています。通告することで、家族がバラバラになるのではなく、

虐待をする保護者と専門機関がつながり、家族の再構成が新たに始まることも多いのです。通告は、虐待をしてしまう保護者がしなくてすむように支援するためでもあるのです。

　また、「通告することで学校と保護者の関係が悪くなるのではないか」と考える人もいます。しかし、通告者の秘密は法律により保たれています。通告後、もし保護者が学校に怒りをぶつけてきたら、「そのようなことがあったのですね。誰が通告したのかはわかりません。よければ子育てで苦労してきたことを話していただけませんか」と共感的な姿勢で臨むことで、保護者とつながるチャンスにもなると考えます。

４．役割や行動を明確にし、情報を共有しながらの対応

【事例の続き】その後、関係者が集まり、役割を決め、確認をしました。

　担任Ｃは、Ａとクラスの子どもたちの行動観察と人間関係づくりに専念します。養護教諭Ｂは、保健室で日頃のＡとのさりげない会話で様子を見ながら、心身の様子を把握します。特別支援教育コーディネーターＥは、Ａの学習やコミュニケーション力向上の支援について担任に情報提供をします。学年主任Ｄと教頭は、保護者への対応を主として担当します。生徒指導担当Ｆは、担任・養護教諭・学年主任・特別支援教育コーディネーター・教頭からの現状の情報やチームで検討した内容を簡潔に整理し、校長に報告すると同時に、守秘義務を徹底しつつ校内の教職員に情報共有をします。学校長は、教育委員会・教育センター等の窓口となります。教頭と生徒指導担当Ｆは、ＳＣやＳＳＷとの学内での窓口、児童相談所等の学外の関係諸機関との連携の窓口となります。

　ＳＣは、週に１回勤務する際に、担任・養護教諭・学年主任・特別支援教育コーディネーター・生徒指導担当・教頭等に、Ａとその保護者への対応や心理支援について助言します。ＳＳＷは、月に１〜２回来校する際に、家族の分離・離婚・カウンセリング・就労など経済的・精神的な支援も予測されるため、福祉・精神保健・医療機関などの関係機関との連携など、家族の生活環境の支援を生徒指導担当、教頭、校長に情報提供をします。児童相談所相談員は、家族と学校から得た情報をもとに、司法・警察の協力も含めて、家族支援についての対応や方向性について会議のメンバーに情報提供をします。

　ＳＣ・ＳＳＷ・児童相談所相談員・関係教職員・関係者は、必要に応じて会議に参加できるときは参加します。

　以上を確認するとともに、会議等で得た情報や対応策は随時、できる限り早く共有することや会議の進め方についても確認しました。

　役割や行動を明確にすることで、担任だけでなく、かかわる関係者が迷わずに

より行動しやすくなります。注目すべき点は、担任以外の複数のメンバーが保護者対応を主として対応することです。これは、担任の精神的な負担をかなり減らすことにもつながっています。

会議の中で出た新しい情報と今後の対応や役割は、プリント1枚で収まるように簡潔に整理します。事前に会議用の「整理シート」を作成しておくと、焦点を絞って話し合うことができます。「整理シート」を関係者が見れば、現状の様子やうまくいった対応策を含めた情報が素早く正確に共有しやすくなります。各自の取り組みへの不安を減らすことにもつながり、より適切な対応が早くできるようになります。

5．会議をするときのルールづくり

会議では、司会者は、担任をはじめ関係者の良い対応を確認し、その努力を必ずねぎらいます。この会議が、担任や関係者の不安を少しでも減らし、支援を続ける意欲につなげるための心の支えになってほしいからです。

会議の開催は、多忙な関係者全員がそろうことを前提にすると取り組みが遅れます。必要に応じて集まれる関係者で、短時間で時間制限をします。例えば、30分と決めると、随時開催しやすくなります。そして「本日の会議は○時○分で終わります」と時間制限をすると、話が広がらず、話題が焦点化され、集中した議論になり、長時間による疲弊を防ぐことにもなります。

情報の共有の仕方は、例えば、「Aの現状は、以前と比較して行動面は…、学習面は…です」と、事実と行動に絞った情報にします。対応の検討なら、「Aや保護者の現状は…です。私は…したいと思っています。理由は…だからです」と、簡潔に結論から理由を述べます。参加者も「賛成です。なぜなら…」と、結論から理由を述べます。賛成、反対、意見、質問を明確にして議論を進めます。できる限り、教育相談の対話のスキルを活かしながら、発言者の思いを丁寧に受け止めるようにします。

学校内の関係者だけでなく、学校外の専門機関にもできることには限界があります。少しでもお互いのできそうなことを丁寧に探りながら話し合うことを意識して取り組んでいくことになります。

チームで取り組む良さは、いろいろな情報を入手でき、異なる視点でとらえることで、家族に対して肯定的な見方をしやすくなることです。少しでもできている対応策を探し、スモールステップで活用しようとするとアイデアが生まれやすくなります。また、取り組んでみようという意欲が関係者に湧きます。

学校教育相談の理論と実践を活用し、「学び合う・支え合う・成長し合うチーム」を一緒につくっていきましょう。

［多職種連携による支援体制］

9 SC、SSW等との連携・協働と学校教育相談

枝廣和憲

1．SC、SSW等との連携・協働のイメージ

　学校教育相談における多職種連携において、スクールカウンセラー（SC）、スクールソーシャルワーカー（SSW）等は、校内連携型支援チームの専門家である校内の教職員に位置づけられます（文部科学省、2017a；文部科学省、2017b；文部科学省、2022）。SC、SSWの職務内容については、文部科学省（2017a）の中で、「SCガイドライン」「SSWガイドライン」に示され、SCは心理の専門家として、SSWは福祉の専門家として、それぞれ管理職のマネジメントのもと、連携・協働して、チーム支援を行います（資料2-9-1）。

　SCとSSWの具体的な職務内容については、前述の「ガイドライン」を受けて、各自治体が定めています（北海道教育委員会、2024など）。鳥取県教育委員会（2019）によれば、SCは「児童生徒の心に働きかけるカウンセリング等の教育相談機能を充実させるための心理学の領域に関する専門職」であり、SSWは「社会福祉に関する専門的な価値、知識や技術を有する者で、課題を抱えた児童生徒の最善の利益を保障するため、児童生徒が置かれた環境への働きかけや関係機関とのネットワークの構築など、多様な支援方法を用いて課題解決への対応を図っていく専門職」とされています。

資料2-9-1　SC、SSW等との連携・協働のイメージ

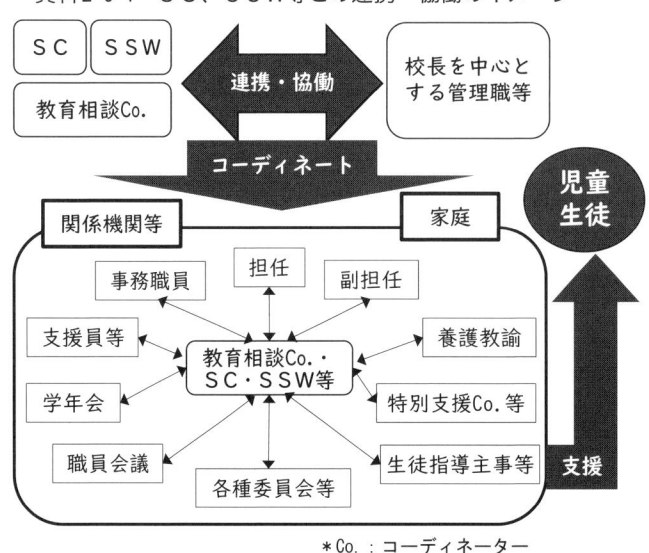

＊Co.：コーディネーター

2．ＳＣの職務内容の例 ⌒⌒⌒⌒⌒

ＳＣの職務内容の例として、大きく以下の７点が挙げられるでしょう。ただし、これ以外にも、ＳＣの職務内容はあります。

①アセスメント（査定）　生物・心理・社会モデル（Bio-Psycho-Social model：ＢＰＳモデル）に基づくアセスメントの実施、学校内外の支援リソース（資源）の把握とリソースマップの作成、スクリーニングなどに基づき、教育相談コーディネーターなどと協力しながら支援計画を作成します。

②カウンセリング（相談）　原則、児童生徒を対象に行います。言語化しにくい、あるいは、自分でも気づいていない悩み、困りごとなどを一緒に気づいたり、考えたりします。場合によっては、絵を使ったり、「遊び」を用いたカウンセリングをします。保護者の相談は、家族を支えることは子どもの支えにつながるという視点から行い、保護者の悩みをお聞きします。

③コンサルテーション（協議）　コンサルテーションは、ケースを中心に置き、教育の専門家である教員とともに考え、解決法を協議します。教員の視点に、間接的に心理学の視点を加え、教員が子どもに対して行っている支援の間接的支援をします。ＳＣが直接子どもにかかわらない場合もあります。

④コーディネーション（関係調整）／リエゾン（連携・橋渡し）　学校にはいろいろな専門性や、いろいろな立場や役割をもった教員がいます。ケースへ取り組む際にＳＣは、どの教員がどのような働きかけをしたらよいかを心理学的な視点から見立て、複数の教員でかかわれるように支援します。

⑤リファー（専門機関連携・紹介）　教育相談機関や児童相談所など関連の機関との連携を促進します。相談の内容によって、さまざまな観点から他の専門機関につないだほうがよいと判断した場合、本人および関係の教員と相談の上、他の機関を紹介します。

⑥サイコエデュケーション（心理教育）　児童生徒に、社会性と情動の学習（ＳＥＬ）など学校や学級等に合わせたサイコエデュケーション（心理教育）を行います。

⑦学校全体に対するアプローチの紹介・研修等　ピア・サポートやポジティブ行動支援（ＰＢＳ）など学校全体で行うアプローチを紹介し、協力して実施したり、自傷や不登校など喫緊の課題について教員が支援できるように研修を行ったりします。

3．ＳＳＷの職務内容の例 ⌒⌒⌒⌒⌒

次に、ＳＳＷの職務内容の例として、大きく以下の４点が挙げられるでしょう。

ただし、これ以外にも、ＳＳＷの職務内容はあります。

①課題のある児童生徒の環境へのアプローチ　家庭訪問などアウトリーチを行い、児童生徒の周りの環境（家族、関係機関、地域等）に働きかけ、環境面から、貧困、虐待、不登校やいじめなどの課題のある児童生徒を支えます。

②学校内リソース（物的・人的資源）によるチーム体制の構築と支援　個別の事例に福祉的視点から対応できるように、管理職とともに校内の支援チームを立ち上げ、ケース会議などに参加し、アセスメントと支援計画のプランニングを行います。

③学校外リソース（物的・人的資源）によるネットワークの構築と支援　必要なときに支援が円滑に行われるように、教育委員会、児童相談所などとのネットワークを日常から構築します。

④事案発生時の全体的なマネジメント　虐待、いじめなど、学校外の機関との連携が必要な場合、管理職の指示のもと、必要な機関との連携・協働を推進します。

４．積極的なアプローチと連携・協働

　前述したように自治体によって具体的な職務内容は異なりますが、ＳＣやＳＳＷ等は、単に学校に入り職務内容を果たすだけでなく、自身の職務内容を、学校全体および家庭、地域等に周知する必要があります。同時にＳＣやＳＳＷ等に主にかかわる教員（教育相談コーディネーターなど）も、ＳＣやＳＳＷ等の職務内容を広く学校全体および家庭、地域等に周知し、積極的な活用ができるようにする必要があります。ＳＣやＳＳＷ等は、教員からの依頼を待つのではなく、教員の空き時間を把握して自ら教員に接近すること、例えば、ＳＣとの連携・協働がまだ進んでいない学校の場合、ＳＣやＳＳＷ等から教職員向け便り（資料2-9-2）を出すのも有効でしょう。

　また、学校教育相談における連携・協働を行う際に重要な視点として、「守秘」と「情報共有」があります。ＳＣやＳＳＷ等も、それぞれの専門職としての「秘密保持」や「守秘」が法律や職能団体によって定められています。同時に、ＳＣやＳＳＷ等は教職員の一員として、学校長に報告の義務もあります。この報告の義務にかかわらず、チーム支援においては、原則、「チーム内守秘義務」のもと「情報共有」を行うことが推奨されます。

　さらに、ＳＣとＳＳＷの連携・協働も重要です。職務内容が重なる部分もありますが、それぞれの専門性を尊重しつつ、お互いに補完しあうことが大切です。例えば、家庭の貧困や家族関係等が児童生徒の課題の背景にある場合、ＳＣは児童生徒の想いと家族の想いをそれぞれ尊重し、重ね合わせながら共通する想いを導き、ＳＳＷは利用できるリソースを紹介し、手続きを支援したりして、両者の

資料2-9-2　ＳＣ等からの教職員向け便りの例

○○○学校の教職員のみなさまへ

What's　スクールカウンセラー？

Vol.1

スクールカウンセラー　枝廣　和憲

いつもご協力ありがとうございます。スクールカウンセラー（ＳＣ）の枝廣です。

≪皆さまへのごあいさつ≫

今年度４月より、○○○学校にてスクールカウンセラーとしてお世話になります。
若輩者のため、皆様にいろいろとお教え願うことも多々あるかと存じます。精一杯力を尽くしますので、ご協力よろしくお願いいたします。また、モットーは「動ける心理士」ですので、お気軽にお声がけいただき、ご活用ください。どうぞよろしくお願いいたします。

自己紹介もかねて・・・

名前
　枝廣　和憲（えだひろ　かずのり）
出身
　広島県（「ポニョ」の題材になった場所の近く）
好きなこと
　バスケットボール、水泳、映画
略歴
　精神科クリニック、青少年活動支援施設、スクールカウンセラー
　ＮＰＯ法人（不登校支援、児童館や学校と連携した居場所づくり事業）
土台としての領域・アプローチ
　心理学的環境調整、グループアプローチ、学校臨床心理学、対人関係論
お伝えしたいこと
　心理カウンセラーというと、一般に「一対一で対応する」というイメージが強いですが、そのほかにも様々なアプローチがあり、私は「個の対応」も大事にしつつ、「対集団（グループ）」や「関係性」という視点も取り入れて考えます。
　もし困ったことなどがあったとき、「心理学」という少し別の視点から一緒に解決策を考えていきます。「『個』のいるクラスのこと」、あるいは「クラスにいる『個』のこと」を一番理解しているのは先生方だと思います。ですので、クラスの様子や、子どもの様子等々を教えてもらえるとうれしいです。困ったときだけでなく、「こういう授業をしたらうまくいった！」「こういう対応したら子どもが成長してくれた！」などの実践例も教えてもらえるととても役立ちます。
　スクールカウンセラーを、"道具"として捉えてもらってもかまいません。うまく使っていただいて、それで児童が、学校が、そして先生方が幸せになるのであれば本望です。TVショッピングではありませんが、**まずは一度お試しください。**使用方法がわからないときは聞いてください。

※学校の先生方同様、同じ職種でも、すべてのＳＣとまったく同じというわけではありませんが、共通する技術や考え方は多いと思いますので、前任のＳＣがされていたことはできるかぎり続けていきたいと思っています。ご協力お願いいたします。

強みを活かした支援を行うことができます。

＊

　最後に、「チーム学校」が叫ばれて幾年と経ちますが、一部の自治体を除き、ＳＣやＳＳＷ等の多くは非常勤職、かつ年度更新であり、安定した職種とは言えません。「チーム学校」としてしっかりと機能するためには、ＳＣやＳＳＷ等が職として安定することも今後重要になってくるでしょう。

〈参考文献〉
北海道教育委員会（2024）「スクールカウンセラーガイドライン」
文部科学省（2017a）「児童生徒の教育相談の充実について～学校の教育力を高める組織的な教育相談体制づくり～（報告）」教育相談等に関する調査研究協力者会議
文部科学省（2017b）「学校教育法施行規則の一部を改正する省令の施行について（通知）」
文部科学省（2022）『生徒指導提要』
鳥取県教育委員会（2019）「教育相談体制充実のための手引き」

第3部

学会活動編

学校カウンセラー、ガイダンスカウンセラーと学校教育相談

築瀬のり子

1. 学校カウンセラーについて

(1) 学校カウンセラー資格認定の目的

　「学校カウンセラー」は、一般社団法人日本学校教育相談学会が認定する資格です。本学会では、その定款で「この法人は、学校教育相談の実践を通して、研究や研修等を行い、会員相互の資質の向上と学校教育相談の普及充実を通して社会に貢献することを目的とする」と明記し、その目的を達成するための事業の1つとして、「資格認定に関する事業」を行っています。資格認定に関する事業の中心が、学校教育相談の専門家としての資格である学校カウンセラーの認定です。その目的は、大きく2点あります。

　1点目は、本学会で学び、教育や心理、福祉等についても研鑽を積み実践している現職教員の学会員が、学校における教育相談活動の充実を推進する中核的な存在として活躍するためです。2点目は、学校教育相談に携わる教員以外の学会員や学校での豊富な実践経験をもつ元教員の学会員が、引き続き学校内外でさまざまな形態の相談員等として勤務し、有する実力を発揮し活躍するためです。

(2) 学校カウンセラーへの期待

　『生徒指導提要』（改訂版）では、生徒指導と教育相談を一体的な教育活動としてとらえて、教育相談を軸にした生徒指導を提唱しており、「生徒指導における教育相談は、現代の児童生徒の個別性・多様性・複雑性に対応する生徒指導の中心的な教育活動だと言えます」と指摘しています（提要：16-17頁）。そのような中で、子どもたちと一緒に日々学校生活を送り、即時的な対応ができる現職教員で学校カウンセラーの資格をもっている方の活躍は大いに期待されます。

　また、例えば、文部科学省のＣＯＣＯＬＯプランで示された校内教育支援センターの設置など、学校内外で子ども支援のための居場所づくりやアウトリーチ支援等が充実してきており、学校カウンセラーの資格を活かして活躍する機会は広がっています。

(3) 学校カウンセラーの資質の担保

日本学校教育相談学会では、学校カウンセラーが、学校教育相談の資質を維持向上していくために必要な実践・研修・研究を続けていることを確認するため、5年ごとに資格更新を行っています。また、学校カウンセラー・スーパービジョン制度を設け、自己盲点に気づき、より専門的能力・対応力・責任能力等の向上を図るため、スーパーバイザーから具体的な指導助言や教育を受けることができる体制を整えています。なお、「学校カウンセラー・スーパーバイザー」は学校カウンセラーの上位資格と位置づけ、学校現場に精通しカウンセリングの知識や技能に秀でた方を一定基準により認定しています。

現在（2024年6月）、学校カウンセラー認定者は626名、そのうち学校カウンセラー・スーパーバイザー認定者は84名に上ります。

さらに、学校カウンセラー資格取得1年目・2年目の方を対象とした事例研究会・情報交換会を毎年実施し、全国の学校カウンセラー仲間の学び合いや支え合いの場、ネットワーク構築の機会となっています。

2. ガイダンスカウンセラーについて

(1) 関係機関・関係学会との連携

日本学校教育相談学会は、他のスクールカウンセリング関連6団体と共に一般社団法人日本スクールカウンセリング推進協議会（推進協）に参画しています。ガイダンスカウンセラーは、この推進協が認定している資格です。「ガイダンスカウンセラーとは、学校等（保育所、幼稚園、認定こども園、小学校、中学校、義務教育学校、高等学校、中等教育学校、特別支援学校、大学、高等専門学校、専修学校、各種学校など）において、『チーム学校』の一員として子どもたちの学業面、進路・キャリア面、心理・社会面、健康面における発達課題への取り組みを支援する心理と教育の専門家である」と定義され（推進協ホームページ）、子どもたちだけでなく、教職員や保護者なども支援の対象としています。

日本学校教育相談学会も推進協と連携し、本学会認定の学校カウンセラーを基礎資格とするガイダンスカウンセラーの資格取得と普及に努めています（学校カウンセラーの方は構成団体資格を有する者を対象とする「資格認定試験Ⅱ」により、ガイダンスカウンセラー資格を取得することができます）。ガイダンスカウンセラー資格更新の際、一定要件を満たすと「ガイダンスカウンセラー・スーパーバイザー」資格を取得できます。

(2) ガイダンスカウンセラー資格の普及活動

推進協の活動の1つとして、スクールカウンセラーへのガイダンスカウンセラー採用に向けた働きかけを、文部科学省や教育委員会に対し継続して行っていま

す。成果としては、文部科学省の「スクールカウンセラー等活用事業に関するQ&A」（2020年）の中に、スクールカウンセラーの選考にあたり、公認心理師、臨床心理士、精神科医、大学の関係者に加えて、「⑤都道府県又は指定都市が上記の各者と同等以上の知識及び経験を有すると認めた者」について、「例えば、学校現場における心理支援の実務の実績を重視する一般社団法人日本スクールカウンセリング推進協議会の認定に係るガイダンスカウンセラーなど、心理及び学校教育に関して専門的な知識・経験を有する者が想定されます」と明記された点です。

　学校カウンセラーやガイダンスカウンセラーの認定資格を活かし、スクールカウンセラーとして活躍されている方も少なくありません。

3．学校カウンセラーやガイダンスカウンセラーの実践活動

　日本学校教育相談学会の会員は、本学会で学校教育相談や学校カウンセリング等について学び、その学びを日々の課題解決や未然防止の実践に活かし、実践を通して学びの実をあげる積み重ねを一貫して行っています。特に学校カウンセラーやガイダンスカウンセラーはより専門性を身につけて、教育相談コーディネーターや教育相談主任等として、一人一人の子どもの幸せと健全な成長・発達に資する教育相談の充実のために創意工夫を重ね活躍しています。

(1) 学級担任としての実践活動

　担任から子どもたちへ挨拶し、声をかけ、励まし、称賛し、雑談を楽しんでリレーション（関係性・つながり）を積極的につくります。なかでも雑談は大事で、カウンセリング技法を活用した受容・共感により、子どもたちは安心して相談をするので、問題・課題の未然防止や早期対応につながります。

　また、係や当番活動、行事等を利用し子ども同士の感情交流や役割交流を全体に広げたり、集団生活に必要なスキルを定着させたりして親和性のある学級集団を育て、学級経営を個と集団の両視点から行います。

　さらに、3次支援が必要な子に個別にかかわりながら2次支援を要する子に微笑んだり頷いたりのストローク（存在を認める働きかけ）を送ったり、1次支援の子どもたちの前向きな言動をねぎらったりしてどの子どもの承認欲求も満たしつつ、他と違うことをそれぞれの癖、ユニークさとして意味づけるなど、一人一人の固有性・独自性を尊重するインクルーシブ教育の具現化を図っています。

(2) 授業に見る実践活動

　授業の中で、「そこは間違いやすい箇所なので、もう一度確認できてよかった。助かった人がたくさんいるね」と誤答を価値づける。「〜と言いたかったのね」などと補助自我的な支援をする。まじめだが目立たない子には机間を回りながら声

をかけ、ノートなどに◯を付ける。話すだけでなく、場面に応じて黙って聞いたり、異同の確認、質問など対話スキルを活用している。時には、「午後は眠いね。先生も居眠りしてよく怒られたよ。さあ、みんなで大きな欠伸をしよう」などと自己開示をしながら雰囲気を切り替える等々、一人一人を大切にする姿勢とさまざまなカウンセリングの理論や技法が溶け込んだ授業を展開しています。

　子どもたちの間には共感的な雰囲気、リラックスと集中、意欲の高まりがあり、「わかる授業」「楽しい授業」になっていて、子どもや保護者はもちろん教職員からも信頼を得ます。

　先述の学級経営やこの授業における信頼は教育相談の要となり、教育相談が機能する際に不可欠な教職員への信望のベースとなります。

(3) 教育相談コーディネーターとしての実践活動　その1：コンサルテーション

　放課後や昼休み、廊下での立ち話など、日常的に教職員のよき相談相手になっています。相談内容は、個々の子どもの問題（忘れ物、学習の遅れ、発達障害の疑い、不登校・不登校傾向、リストカット、希死念慮等）、学級集団の問題（騒がしい、ルール破り、指導が入らない、しらけている、いじめがある等）、保護者に関する問題（クレームやネグレクトの疑い等）など多岐にわたり、軽微なものから重大事案になりかねない内容までさまざまです。

　対応方法を知りたいという教職員のニーズには、その場で具体策の助言や情報提供をし、同時に、例えば「これは行動療法でいう〜で…」「勇気づけ技法の〜効果は…」などと理論的背景も伝え、教職員の教育相談力向上にも貢献しています。理論を知っていると別の場面でも応用でき、対応の幅が広がるからです。

　教職員の困り感や不安感が大きい場合は、まず傾聴して心理的サポートを行い、その問題への対応は、管理職へ報告の上、生徒指導主事や学年主任、養護教諭などと相談して、個別の支援チームをつくり解決にあたります。

　年々多様化・複雑化する問題へのコンサルテーションには、日本学校教育相談学会の研修、なかでも各支部で開催されている事例検討会での実践的な学びが大いに役立ちます。また、学校カウンセラー同士の相互コンサルテーションは刺激になり、モチベーションの維持向上につながっています。

(4) 教育相談コーディネーターとしての実践活動　その2：コーディネーション

　チーム支援の際は、教職員の価値観ではなく、子ども理解に基づいた柔軟な支援になるように、関係教職員がもつ情報を共有してチームでアセスメントを行い、支援方針や役割を決め支援を始めます。時には他の教職員の協力も得ながら、多忙な中でも即応してチームの話し合いの場を設けます。日頃からの教職員との良好な関係性がコーディネーションを円滑にする鍵です。外部支援が必要な場合は、学校がケース会議を主催し、兄弟姉妹の学校や、福祉、警察、医療など関係機関

と積極的に連携して多重的支援を行います。

　また、早期対応のコーディネーションとして、担任の相談の中から、心理的支援や福祉的支援が必要と判断されるケースをスクールカウンセラー（ＳＣ）やスクールソーシャルワーカー（ＳＳＷ）につなぐことや、各種データからハイリスクな子どもをチェックし、支援のタイミングを見逃さないよう全教職員で見守る体制をつくっています。各種データとは欠席・遅刻・早退・保健室利用状況、いじめや生活アンケート、標準検査などで、結果を共有し誰もがわかるよう見える化の工夫をします。

　未然防止のコーディネーションは、学校生活への適応や子どもたちの人間関係づくりを促進するために、例えば、構成的グループエンカウンターの年間プログラムを作成し、管理職と相談して教育課程に位置づけたり、学級開きに備えて3月に職員研修を実施したりします。担任個々バラバラな実践では新年度のクラス替えで集団としての教育成果が積み上がりにくいので、全校で育てるカウンセリングを計画的に実践していけるよう調整をします。

(5) スクールカウンセラーとしての実践活動

　ガイダンスカウンセラーや学校カウンセラーによるスクールカウンセリングの強みは、「教育」に関する価値観を共有できるので、教職員との信頼関係が構築しやすいこと、地域や学校風土、子どもたちと教職員の関係などを判断しやすいこと、子どもたちや教職員の心理的負担が大きくなる状況を推察しやすいことなどがあります。例えば、教室への行きしぶりや再登校の支援には環境調整が必要ですが、場所・時間・対応者などについて無理のない提案をすることで教職員の協力が得やすく、その結果、子ども支援が有効になります。また、教育相談コーディネーターや生徒指導主事、養護教諭など関係者への学校アセスメントに基づいたコンサルテーションを通して、教育相談体制の充実に向けた取り組みを後押しできます。

　予防・開発的な対応、集団対応に通じている点も強みです。1つは学級経営への支援です。具体的には、Q-Uやアセスなどの検査を活用した担任への学級コンサルテーション、学級実態に応じた人間関係づくりやコミュニケーションスキル育成の指導計画作成や出前授業、学級の課題を子どもたち自らが解決していく話し合い活動の提案などです。もう1つは、学校生活の中心である授業を問題行動の抑止となる保護因子にする支援です。安心して子ども同士がかかわり合い学び合って自他の良さに気づき、学習意欲や協調性、思いやりを高められるよう学習指導と教育相談が融合した授業展開に関する助言です。若手教職員が増える中で、今、求められる発達支持的生徒指導に通じる支援です。ただし自分の経験による「教育」の視点に偏ることなく、自分の強みが子どもの支援に活かされるよう自己点検が必要であり、スーパービジョン制度はそのよい機会となっています。

「学校カウンセラー」資格を取得し、活躍の幅を広げましょう！

学校カウンセラー資格認定申請要項から、職務内容や申請要件等をお知らせします。

1．職務内容

（1）学校カウンセラーは、次に挙げる業務を主に行うこととします。

①児童生徒や保護者、教職員等への援助に関すること

②学校教育相談体制の充実・発展に関すること

③関係機関等との連携に関すること

④日本学校教育相談学会の発展に関すること

（2）資格有効期間は5年です。

2．資格申請要件

（1）日本学校教育相談学会の会員として3年以上所属していること。

（2）学校カウンセラーとしての人格および識見を備えていること。

（3）学校教育相談に関する実務を5年以上有すること。

（4）相談事例報告または相談研究実績があること。

（5）学校教育相談に関する120分程度の研修（講義や演習等）を10種類以上受講していること。

3．申請方法

（1）「認定申請書類」「認定申請手引き」を日本学校教育相談学会ホームページから入手ください。

（2）申請書類1～4に必要事項を記載し、認定委員会へ送付ください。

（3）認定審査料20,000円を申請時に申し受けます。

（4）申請期間は毎年7月1日から9月中旬です。

4．認定審査と認定の決定

（1）認定審査は、各支部推薦委員会による推薦審査を経て、認定委員会による書類審査・面接審査・最終審査によって行います。

（2）面接審査は、毎年1月中旬～2月上旬の土・日に東京等で行います。

（3）認定審査結果は3月中旬に申請者および所属支部理事長へ通知します。

（4）認定決定後、認定料10,000円を申し受けます。入金が確認でき次第「学校カウンセラー資格認定証」を送付します。

＊学校カウンセラー資格は、ガイダンスカウンセラー資格取得の基礎資格です。

＊学校カウンセラー資格更新申請や学校カウンセラー・スーパーバイザーの資格認定申請および更新申請については、日本学校教育相談学会のホームページをご覧ください。

おわりに

　本書は、日本学校教育相談学会が企画し、学校教育相談の理論と実践に関して造詣が深く、教育現場等の第一線で活躍している会員の方々の協力を得て、ようやく出来上がったものです。執筆を担当してくださった方々にお礼申し上げます。また、本書の発刊に全面的にご協力くださった、ほんの森出版の小林敏史様、ありがとうございました。そして何よりも、本書をお読みくださった読者の皆様、心より感謝申し上げます。

　現在の教育現場は、不登校、いじめ、校内暴力、発達障害、自死、ヤングケアラー、虐待、貧困など、課題が多様化しています。教職員の業務の多忙化も問題視されています。また、地球温暖化、戦争など、地球規模の社会環境も不安な要素が山積みです。このような環境の中で、未来を生きていく子どもたちに向けて、どのような支援ができるのでしょうか。

　私は、子どもの「自立に向けた支援」が非常に重要だと考えています。自立とは、他者の支援を借りずに1人で頑張ることではなく、他者の支援を上手に活用しながら自ら抱える課題を解決していくことなのではないでしょうか。具体的には、「助けて」「教えて」「困っています」と周囲の人に言えること、相談できることがポイントになると思っています。

　同様に教職員や支援者の側も、相談を受けるだけでなく、自身の周囲の方々に相談できることが大切になるでしょう。教職員や支援者が1人で対応するのではなく、チームで支援すること、チームの資源を上手に活用できることが求められているのではないでしょうか。そのためにも、教職員や支援者が教育相談のスキルを身につけること、そしてスキルアップしていくことが、ますます重要になっていると思います。

　本書が、教育現場にかかわる教職員や支援者の方々にとって、これからの学校教育相談の理論や実践のあり方について考え、取り組んでいくために少しでも役立つものとなればと、心より願っております。

2024年11月

梅川康治

執筆者一覧（執筆順　所属・肩書きは初版発行時）

八並光俊（やつなみ みつとし）　東京理科大学教育支援機構教職教育センター教授　第1部①

栗原慎二（くりはら しんじ）　広島大学大学院人間社会科学研究科教授　第1部②　編者

新井　肇（あらい はじめ）　関西外国語大学外国語学部教授　第1部③

春日井敏之（かすがい としゆき）　立命館大学名誉教授・近江兄弟社高等学校校長　はじめに　第1部④　編者

髙橋あつ子（たかはし あつこ）　早稲田大学大学院教育学研究科教授　第1部⑤

藤原忠雄（ふじわら ただお）　兵庫教育大学名誉教授・神戸親和大学特任教授　第1部⑥　編者

小玉有子（こだま ありこ）　弘前医療福祉大学保健学部教授　第1部⑦

西山久子（にしやま ひさこ）　福岡教育大学大学院教育学研究科教授　第1部⑧

金子恵美子（かねこ えみこ）　慶應義塾大学教職課程センター准教授　第1部⑨

会沢信彦（あいざわ のぶひこ）　文教大学教育学部教授　第2部①

松山康成（まつやま やすなり）　東京学芸大学教育学部講師　第2部②

真田穣人（さなだ しげと）　兵庫教育大学大学院学校教育研究科講師　第2部③

山田洋平（やまだ ようへい）　福岡教育大学大学院教育学研究科准教授　第2部④

中林浩子（なかばやし ひろこ）　下関市立大学教養教職機構教授　第2部⑤

山崎　茜（やまさき あかね）　広島大学大学院人間社会科学研究科講師　第2部⑥

赤尾宗一（あかお そういち）　日野町教育委員会不登校対応担当課長　第2部⑦

梅川康治（うめかわ やすじ）　堺市スクールカウンセラー　第2部⑧　おわりに　編者

枝廣和憲（えだひろ かずのり）　福山大学人間文化学部心理学科准教授　第2部⑨

簗瀬のり子（やなせ のりこ）　一般財団法人栃木県連合教育会常務理事（教育相談担当）　第3部

【編著者紹介】

春日井 敏之（かすがい　としゆき）立命館大学名誉教授　近江兄弟社高等学校校長

大阪教育大学大学院教育学研究科修了、修士（教育学）。専門は、臨床教育学、教育相談論。京都府公立中学校教諭を経て、立命館大学文学部教授・大学院教職研究科教授。登校拒否・不登校問題全国連絡会世話人、各地のいじめ再調査委員会・第三者委員会の委員を務める。日本学校教育相談学会会長。
主な著書に『希望としての教育』三学出版（単著）、『思春期のゆらぎと不登校支援』ミネルヴァ書房（単著）、『ひきこもる子ども・若者の思いと支援』三学出版（共編著）などがある。

梅川 康治（うめかわ　やすじ）堺市スクールカウンセラー

兵庫教育大学大学院学校教育研究科修了、修士（学校教育学）。公認心理師、臨床心理士、ガイダンスカウンセラー。堺市立中学校教諭、教育委員会教育相談グループ長、学校長、大阪教育大学教職大学院特任教授・コース代表を経て、スクールカウンセラー。NPO法人 Peer Do 理事長。日本学校教育相談学会副会長。
主な著書に『チャートでわかる　カウンセリング・テクニックで高める「教師力」5』ぎょうせい（編著）、『教師のための問題対応フローチャート』図書文化社（共著）などがある。

栗原 慎二（くりはら　しんじ）広島大学大学院人間社会科学研究科教授

埼玉大学大学院文化科学研究科修士課程修了、兵庫教育大学大学院学校教育学研究科修了、博士（学校教育学）。埼玉県立高校教諭を経て、広島大学大学院人間社会科学研究科教授。公益社団法人学校教育開発研究所（AISES）代理理事。日本学校教育相談学会前会長。
主な著作に『教育相談コーディネーター』ほんの森出版（単著）、『ダウンロード版 アセスの使い方・活かし方』ほんの森出版（共著）、『PBIS実践マニュアル＆実践集』ほんの森出版（編著）などがある。

藤原 忠雄（ふじわら　ただお）兵庫教育大学名誉教授　神戸親和大学特任教授

兵庫教育大学大学院連合学校教育学研究科単位取得満期退学、博士（学校教育学）。公認心理師。岡山県立高校教諭・県教委指導主事を経て研究職に転職し、学会賞（論文5編・発表11件）を多数受賞。日本学校メンタルヘルス学会理事、日本ストレスマネジメント学会理事、日本学校教育相談学会前副会長。
主な著作に『学校で使える5つのリラクセーション技法』ほんの森出版（単著）、『学校教育相談の理論と実践』あいり出版（共編著）、『学校安全と危機管理 三訂版』大修館書店（共著）などがある。

＊日本学校教育相談学会への入会希望や諸連絡は、ホームページからお願いします。 | 日本学校教育相談学会 [検索] |

学校教育相談─理論と実践のガイドブック

2025年1月10日　第1版　発行

企　画　一般社団法人日本学校教育相談学会
編　著　春日井敏之・梅川康治・栗原慎二・藤原忠雄
発行人　小林敏史
発行所　ほんの森出版株式会社
　〒145-0062　東京都大田区北千束 3-16-11
　Tel 03-5754-3346　Fax 03-5918-8146
　https://www.honnomori.co.jp
印刷・製本所　研友社印刷株式会社